古代歷史文化研究輯刊

二八編

王明蓀 主編

第 19 冊

香港城市社區歷史地理研究（1841～1991）（上）

劉祖強 著

國家圖書館出版品預行編目資料

香港城市社區歷史地理研究（1841～1991）（上）／劉祖強 著
－－初版－－新北市：花木蘭文化事業有限公司，2022〔民 111〕
目 8+166 面；19×26 公分
（古代歷史文化研究輯刊 二八編；第 19 冊）
ISBN 978-626-344-093-7（精裝）
1.CST：社區研究 2.CST：人文地理 3.CST：歷史
4.CST：香港特別行政區
618   111010296

古代歷史文化研究輯刊
二八編 第十九冊   ISBN：978-626-344-093-7

香港城市社區歷史地理研究（1841～1991）（上）

作　　者　劉祖強
主　　編　王明蓀
總 編 輯　杜潔祥
副總編輯　楊嘉樂
編輯主任　許郁翎
編　　輯　張雅淋、潘玟靜、劉子瑄　美術編輯　陳逸婷
出　　版　花木蘭文化事業有限公司
發 行 人　高小娟
聯絡地址　235 新北市中和區中安街七二號十三樓
　　　　　電話：02-2923-1455／傳真：02-2923-1452
網　　址　http://www.huamulan.tw 信箱 service@huamulans.com
印　　刷　普羅文化出版廣告事業
初　　版　2022 年 9 月
定　　價　二八編 27 冊（精裝）新台幣 80,000 元

香港城市社區歷史地理研究（1841～1991）（上）

劉祖強　著

作者簡介

劉祖強，男，湖南湘鄉人，1969 年生，教育學碩士，歷史學博士。2004 年～ 2007 年，師從已故著名教育社會學家張人傑教授攻讀教育社會學碩士學位；2013 年～ 2017 年，師從著名歷史學家陳偉明教授攻讀歷史地理學博士學位。長期從事高校教學與科研工作，學術研究興趣主要集中在港澳歷史地理研究、社會史、教育史等領域，近年來發表相關學術論文近 20 篇，主持和參與國家、省市廳級課題 8 項，參編專著 2 部。對近代以來香港城市社區空間人文地理景觀演變進行了較為全面、系統、深入的研究，擴展了歷史社會地理學的研究範疇。

提　　要

　　香港地處中國南海與太平洋和印度洋的中心地帶，是中國大陸與東南亞、南亞、中東、西歐以及大洋洲及美洲進行海上聯繫的重要交通樞紐。在世界經濟體系中，香港是太平洋西岸中樞，亦是南北交流、東西彙集的中心。在長期的歷史發展過程中，這種獨特的地理區位構造了香港城市社會在空間上既封閉又開放的特點。

　　本文基於豐富的史料並運用多學科綜合分析的方法，嘗試對近代以來香港城市社區進行全面、系統、深入的研究，重點選取了城市社區的時空演變及社區建設與社區發展等基本要素，主要研究城市社區歷史分期，城市社區結構、類型與功能，不同類型社區空間分布特徵與差異，不同社區文化景觀的時空演變及互動，以及香港社區文化景觀中較為典型的宗教文化景觀對社區建設的影響等內容。對於在城市化背景下社區發展與演變的研究是論文重點所在。正是基於這一主線，本文從社區的「族群」、「地理」、「景觀」等三個主要方面來探討香港城市社區獨特的發展路向，總結城市發展的經驗與教訓，以期更好地認識香港城市社區發展的規律及發展趨勢，開拓香港更加美好的未來。

目次

圖目錄

緒　論

　　在歷史社會地理學研究中，以某一個地域社會為對象的研究一直是其重要內容；而在社會地理學研究中，以社區為載體，結合歷史學、社會學、地理學的研究也得到越來越多學者的關注。針對歷史時期社區起源、社區分布及社區發展演變規律的研究正成為新的熱點。隨著研究的深入，進一步分析闡明歷史社會地理學的研究內容和理論體系，不僅有助於推動社會史和社會地理學等相關學科的發展，而且還可以使我們深刻認識和全面理解歷史時期社區起源、社區分布及社區發展與地理環境的關係，從而更深刻認識推動社區發展的意義。本文主要是從 1841 年至 1991 年這一時段對香港城市社區的發展與建設、城市社區的結構與類型、不同類型社區的空間分布及差異，以及香港社區文化景觀中較為典型的宗教文化景觀、教育文化景觀及商業文化景觀等內容進行探討，分析社區文化景觀的特質及演化規律，闡釋其對社區建設的影響。

第一節　學術史回顧

　　目前學術界，無論是歷史學、社會學，或是其他學科，都尚無以「香港社區歷史地理」為題的專門研究，然而與之相關的研究成果卻是十分豐富，主要分為三大塊：第一，社區研究，包括香港社區研究及與社區研究相關的社區地理與社區景觀研究；第二，香港人口移民研究，包括居港外國人和居港華人的研究；第三，城市社會史研究，包括國內外學者對香港城市社會史的研究成果以及對其他城市史的研究。

一、社區研究

（一）香港社區研究

1. 香港社區發展資料彙編

　　1947 年由志願機構發起組織成立的香港社會服務聯會，是一個非政府非盈利性的社會服務機構，該聯會組織負責統籌及策劃日趨多元化的各種救濟和福利服務。目前，社聯有超過四百間機構會員，它們透過屬下三千多個服務單位，為香港市民提供近九成的社會福利服務。而香港社聯在整合社會資源，共謀港人福利的過程中，其下屬社區發展部亦積極組織人力，整理彙編一批社區資料，如《社區發展資料彙編 1979 及 1980》、《社區發展資料彙編 1981 及 1982》、《社區發展資料彙編 1983 及 1984》、《社區發展資料彙編 1985 及 1986》、《社區發展資料彙編 1987 及 1988》、《社區發展資料彙編 1989 及 1990》等。當時，這些《社區發展資料彙編》作為流通刊物在社會上發售，《華僑日報》對此有報導：「香港社會服務聯會社區發展部編訂的社區發展資料彙編仍有少量存貨，以折扣出售。凡購買七九～八零及八五～八六年兩期，售價為四十元，購買以上兩期及八三～八四彙編兩期，售價為五十五元。」〔註1〕正是由於《社區發展資料彙編》在市場上的流通，得以被收藏，並為研究香港社區歷史發展，提供了第一手的材料。

　　另外，值得一提的是，《社區發展資料彙編》每一期的主題都不相同，如《八一～八二彙編》以「社區工作發展與政策」為主題；《八三～八四彙編》的主題為「轉變期中的社區發展」〔註2〕；《八五～八六年彙編》以「社區發展及政治」為主題〔註3〕。這亦是我們在利用《社區發展資料彙編》應該注意的地方。

2. 香港社區工作與社區行動研究

　　「六七暴動」以後，港府在審視對港管理政策時，發現政府與一般民眾之間存在著極大的溝通問題，遂有意向地開展地區工作，發展社區服務。一些民間的志願服務團體亦同時展開社區工作，如在 1947 年成立香港社會服務聯會，在此基礎上於 1968 年成立了社區發展委員會，至 1977 年又成立了社區發展部。同時，在此過程中，西方國家的社會運動經驗傳入香港，各種社區工作模式在香港全面推廣。而學術界對此也有關注，關於香港社區工作

〔註1〕《華僑日報》，1987 年 7 月 4 日。
〔註2〕《華僑日報》，1987 年 7 月 4 日。
〔註3〕《華僑日報》，1987 年 7 月 4 日。

的研究著作頗豐。如 Leung, Joe C. B.（1978）「The Community Development Drama in Hong Kong: 1967～1977」〔註4〕，黃燕玲《居民運動十年回顧——社區工作的貢獻》〔註5〕一文首先回顧了香港過去十年社會運動，其認為居民運動扮演著不容忽視的角色。尤其是 70 年代後期，居民運動透過民生事件的爭取，逐漸演變成為有動員能力的基層團體，對香港社會轉變，起了積極的貢獻。接著文章又對 80 年代香港前途問題帶來的衝擊，社會上不同階層和政治力量的轉化，居民運動對社會轉化的貢獻是增加還是減退，運動形態是否起了內在變化等問題作了初步探討。馮可立著《社會行動的回顧》〔註6〕一文首先回顧了社會行動理論的爭議，分析了三種戰略的優劣：傳統和平競爭的選舉行動有著正面積極意義，但是實施起來卻很容易被政治黨派所利用；接著馮又對 20 世紀 70 年代與 80 年代的香港社會行動作了簡單梳理與總結；在最後的反省中其認為 70 年代社會行動黃金時期已然過去。甘炳光、莫慶聯著《社區工作的定義與目標》〔註7〕一文，作者認真梳理現存的文獻對社區工作的定義，並嘗試抽取一些在英國、美國、中國及香港較有代表性的定義，從中找出共同點，對社區工作予以新的定義：社區工作是以社區為對象的社會工作介入方法。在闡明社區工作的定義之後，作者又嘗試從社區工作的目標來闡明社區工作的意義。梁祖彬著《社區工作的歷史源流及發展》〔註8〕與《香港社區工作發展史》〔註9〕，前者首先探討了社區工作在西方社會的起源，以及它發展成為專業的過程。後者從歷史角度闡述社區工作在香港的演變過程。詹長智的《港臺社區工作的源流與走向》〔註10〕對香港和臺灣社區

〔註4〕 Leung, Joe C. B.（1978）"The Community Development Drama in Hong Kong: 1967～1977", Community Development Journal, Vol. 13, No.3, p140～146.

〔註5〕 黃燕玲：《居民運動十年回顧——社區工作的貢獻》，載《社區發展資料彙編 1987 及 1988》，香港：香港社會服務聯會，第 9～12 頁。

〔註6〕 馮可立：《社會行動的回顧》，載《社區發展資料彙編 1989 及 1990》，香港：香港社會服務聯會，1990 年，第 20～24 頁。

〔註7〕 甘炳光、莫慶聯：《社區工作的定義與目標》，載蘇景輝：《社區工作：理論與實踐》，臺北：巨流出版社，1990 年，第 1～24 頁。

〔註8〕 梁祖彬：《社區工作的歷史源流及發展》，載甘炳光等編：《社區工作：理論與實踐》，香港：香港中文大學出版社，1994 年，第 66～73 頁。

〔註9〕 梁祖彬：《香港社區工作發展史》，載《香港社區工作：反思與前瞻》，香港：中華書局，1995 年，第 2～15 頁。

〔註10〕 詹長智：《港臺社區工作的源流與走向》，《海南大學學報（人文社科版）》，2003 年，第 21 卷第 2 期。

工作與社會福利政策發展的歷程和基本特徵進行了分析和對比，對未來的發展趨勢進行了預測，並且提出了我國大陸地區向兩地借鑒社區發展經驗的基本思路，尤其強調了社區工作本土化的重要性。此外，莫邦豪著《社區工作原理和實踐》〔註11〕，蘇景輝著《社區工作：理論與實踐》〔註12〕及陳國康著《社區發展服務：總結與變革》〔註13〕等對香港社區工作都有相當深入的研究，為我們研究香港社區提供了有利支撐。

　　總之，香港社區工作深受西方社區工作的影響，包括社區工作的理論、社區工作模式與方法等。學者對於香港社區工作與社區行動的理論研究頗為嚴謹，具有前瞻性，這有助於指導香港社區工作的順利開展。但是，這些研究成果往往集中在社區參與過程，不太注重對解決具體社區問題的探討，且對社區建立等方面的內容亦關注度不高。此外，這些研究的成果較為分散，沒有形成統一的理論體系，來指導香港社區工作的開展。

3. 香港宗教與社區關係研究

　　由於香港特殊的人文地理環境，教會是最早參與社區工作的組織之一。宗教對於香港社區建立的作用是不可忽視的。對於二者之間的關係，盧龍光在《宗教與社區：香港教會參與社區工作的歷史經驗與反思》〔註14〕一文中有著清晰的闡釋，該文通過分析佛、儒、道以及民間宗教在中國歷史上和香港歷史上所發揮的社會作用的侷限性，論證了基督教在中國歷史，尤其是在香港歷史中所發揮的社會作用的優越性，總結了基督教在香港的社區工作經驗，並進一步從宗教理論的角度出發，指出開展社區工作是與基督教基本宗旨相符合的。該文集中討論了香港地區的宗教團體，特別是基督教對社會的影響，尤其在社區工作方面的歷史經驗。這些對於我們進一步研究香港宗教與社區的關係具有借鑒意義。

　　然而，盧文在論述基督教參與社區工作的案例時太過籠統，不夠深入。如在論述睦鄰社區工作計劃時，只是簡單列舉被列入社區工作的 6 個工作計劃（新界西貢聖伯多祿計劃、農村合作社、儲蓄互助社、九龍市區秀茂坪社

〔註11〕莫邦豪：《社區工作原理和實踐》，香港：集賢社，1994 年，第 14～29 頁。
〔註12〕蘇景輝：《社區工作：理論與實踐》，臺北：巨流出版社，1990 年，第 13～17 頁。
〔註13〕陳國康：《社區發展服務：總結與變革》，香港：香港社會服務聯會，1985 年，第 7 頁。
〔註14〕盧龍光：《宗教與社區：香港教會參與社區工作的歷史經驗與反思》，《暨南史學》2003 年第 2 輯，第 464～499 頁。

區計劃、社區中心及天主教秀茂坪職工中心），認為以上的 6 個社區工作計劃
中有 3 個是由天主教負責，進而得出，這些睦鄰計劃是一些假設居民可以通
過自助與互助去解決社區問題及計劃社區活動以滿足居民需要的工作模式，
由於以合作及參與過程為重點，卻不太注重解決具體社區問題，故成效不大。

此外，盧龍光在另外兩本著作《傳福音是宣講與服務的結合》與《香港
教會宣教歷史的回顧與反思》〔註15〕中對宗教參與社區的模式以及宗教促進
社會革新等有所涉及。前者論述了在整個大中華區，包括中國內地、香港及
臺灣等地，基督教會皆以傳道、教育及社會服務（包括醫療服務）三方面結
合的模式進行；後者論述了在「六七暴動」後，教會一方面提供社會服務、發
揮了維持社會安定的功能；另一方面更有意識及計劃促進社區工作在香港的
進一步發展。

20 世紀 50 年代，隨著大批移民的湧入，原本在香港工作的基督教的各
宗派及其機構，藉此機會，紛紛在港成立，尤其在移民中開展救濟和傳道工
作，但有關該時間段內教會參與社區工作的研究，只有梁家麟著《福音與麵
包：基督教在五十年代的調景嶺》〔註16〕一文。該文係第一部全面系統論述
調景嶺歷史的專著。梁著討論了五十年代基督教在調景嶺的傳教與救濟事工；
基督教在調景嶺營成立之後，為該營難民提供了生活上的救濟與幫助，以及
對該區早期各方面的發展作出了顯著貢獻。調景嶺之所以能從一個位於荒郊
野外的難民營發展成為擁有兩萬餘人而并然有序的成熟社區，與基督教會在
這裡曾經扮演的角色有著密切的關係。梁家麟通過訪問當時教會的牧師、領
袖及信徒，利用口述歷史方法重構調景嶺早期歷史，進一步豐富了香港基督
教史和香港地方史研究的內容。

一些香港學者對宗教參與社會運動亦有過研究。郭乃弘主編《香港教會
與社會運動：八十年代的反思》〔註17〕中收錄五篇關於香港教會與社會運動
的研究論文，這五篇論文呈現出一個多層次的研究視野，對八十年代基督徒

〔註15〕盧龍光：《香港教會宣教歷史的回顧與反思》，載盧龍光、楊國強：《香港基督
　　　教使命和身份的歷史回顧》，香港教會系列三，香港：基督教中國宗教文化研
　　　究社，2002 年。
〔註16〕梁家麟：《福音與麵包：基督教在五十年代的調景嶺》，香港：建道神學院與
　　　中國文化研究中心，2000 年。
〔註17〕郭乃弘編：《香港教會與社會運動：八十年代的反思》，香港：基督徒學會，
　　　1994 年，第 109、123 頁。

群體社會參與的經歷作了一個較為詳盡的記錄和整理。就理論而言，引起基督徒群體更嚴肅的對待社會行動；就實踐層面而言，總結過去基督教關社的成敗得失，改善日後社會參與的策略，強化基督教會和群體在社會事務上的教導。本書的附錄部分，如「附錄四」之八十年代香港教會關社歷程；「附錄五」按年份和重點排列的社會行動排列表等內容，不僅為我們提供了一個香港基督徒社會運動的文本，而且對學者研究香港基督教會參與社會行動的歷史大有裨益。又如莊耀洸所著《基督教在八十年代香港社會運動所擔當之角色》〔註18〕認為，香港基督教會無論是激進派，亦或是保守派無不在積極地參與社會運動，只是一些保守的教會或信徒，在參與社會運動時，所關注的領域主要在道德領域，而在民主、民生及民權等問題上較少涉及，但是不能因此而故意忽視教會參與社會行動的角色與貢獻。再如馮可立所著《激進教會組織與香港社區工作》〔註19〕講到，香港教會雖然比西方教會更為保守，但在支持香港社區工作等方面則較為積極，正是由於教會的幫助與扶持，才使得香港社區的工作進展如此迅速。

國外學者亦對香港宗教與社區的關係有所關注，並取得不少成果。如美國學者郭思嘉（Nicole Constable）所著《基督徒心靈與華人精神——香港的一個客家社區》〔註20〕，該書以香港的一個客家社區為對象，追溯客家身份的歷史及其構建，描寫客家宗教社區、居民的日常生活、基督徒的心靈和華人的精神、客家人給外人的印象，以及如何改變這種刻板印象等方面。通過該書我們不僅能夠較為深刻地認識香港客家人和瞭解他們的生活狀態，而且可以把客家人作為個例，進一步分析宗教對社區的建設作用。

概言之，以上學者對於香港宗教與社區關係的研究主要集中在宗教參與社區工作，發揮建立與營造社區作用等方面，包括參與社區工作模式、社區工作參與面、宗教對族群意識的塑造等內容，這極大豐富了香港宗教史的研究，且為本文深入研究宗教對社區建設的影響提供了重要支撐。然而，以上研究主要

〔註18〕莊耀洸：《基督教在八十年代香港社會運動所擔當之角色》，載郭乃弘編：《香港教會與社會運動：八十年代的反思》，香港：基督徒學會出版，1994年，第15～31頁。

〔註19〕馮可立：《激進教會組織與香港社區工作》，該文見於香港中文大學歷史系與新亞書院承辦之「歷史上的慈善與社會動力」學術研討會，1999年12月6日至8日，第5頁。

〔註20〕（美）郭思嘉著，謝勝利譯：《基督徒心靈與華人精神——香港的一個客家社區》，北京：社會科學文獻出版社，2013年。

集中在西方宗教對於社區建立的作用，而對信仰廣泛的中式宗教與社區的關係則涉及較少。此外，以上學者對於宗教與社區關係的研究尚未從空間視角來展開，由於宗教因素與城市社區空間聯繫非常緊密，因此，宗教社會學要盡力與地理學相結合，才能充分闡釋宗教文化景觀的空間演化態勢及內在機制。

（二）社區地理與社區景觀研究

1. 社區地理研究

社區之研究，萌芽於 19 世紀末的歐洲。當時以地理的社區研究為主，如德國杜尼斯（F‧Tonnies）的《社區與社會》及英人麥其維（R‧M‧Maclver）的《社區》等〔註21〕。前者第一次系統地提出社區的概念，解釋了社區與社會之關係，而後者又把社區的研究推向深入。由此可知，社區之研究距今已有 100 多年的歷史。但是，作為人文地理學一個分支學科的社區地理學的研究則出現較晚，經過多年的發展，「社區地理學不僅形成了比較完整的學科架構和理論體系，而且被越來越多的人文地理學者所接受」〔註22〕，與此同時，亦有許多有關社區地理學研究的學術成果的誕生。縱觀這些學術成果，社區地理學內容的研究大致可以分為以下三大類：其一，社區理論和技術的研究；其二，空間社區的研究；其三，非空間社區（精神社區）的研究。

關於社區理論和技術方法研究的著作主要有《新時期中國社區建設與管理實務全書》〔註23〕及《新修鄉村社會學》〔註24〕。前者全書分七部分介紹了中國社區工作概述、社區建設與社區服務、社區衛生與醫療保健、社區管理概述、街道社區居委會工作、社區建設與發展探索等，並介紹了相關法律法規。後者則是一部闡述農村社會學基本原理和研究方法的著作，其內容全面、系統、結構完整。該書在闡述基本理論與範疇時能處處緊密結合我國當前農村社會發展的實際，分析十分透徹，頗具開創性。

在空間社區的研究上，成果豐富，著述頗豐。對社區界限界定的研究，如孫峰華《社區地理學研究發凡》〔註25〕；對社區建設與社區發展的研究，

〔註21〕吳文藻：《西方社區研究的近今趨勢》，載《吳文藻：人類學社會學研究文集》，1990 年，第 151～158 頁。

〔註22〕孫峰華：《21 世紀的社區地理學》，《人文地理》，第 17 卷第 5 期，2002 年。

〔註23〕《新時期中國社區建設與管理實務全書》，北京：學苑出版社，2001 年。

〔註24〕袁亞愚編著：《新修鄉村社會學》，成都：四川大學出版社，1999 年。

〔註25〕孫峰華：《社區地理學研究發凡》，《寶雞師範學院學報（自然科學版）》，1992 年第 1 期。

如陳濤《社區發展：歷史、理論和模式》〔註26〕及孫峰華《社區發展的若干問題與社區地理學在社區發展研究中的作用》〔註27〕；對社區失業與志願服務的研究，如侯玉蘭、侯亞非著《國外社區發展的理論與實踐》〔註28〕及劉祖雲《香港與武漢城市社區服務比較》〔註29〕；對城市社區研究中的城市空間結構系統、城市社區空間擴散及邊緣區、城市社區的社會感應空間及城市社會生活空間、大都是社區逆城市化和再城市化等的研究，如孫胤社《城市空間結構的擴散演變——理論與實踐》〔註30〕、閻小培《近年來我國城市地理學主要研究領域的新進展》〔註31〕、吳傳鈞等《世紀之交的中國地理學》〔註32〕、王興中《中國城市社會空間結構研究》〔註33〕及加拿大學者戴維‧理著《城市社會空間結構》〔註34〕。

關於非空間社區研究中的社區互動與認同感、社區種族和民族結構系統及宗教社區結構等內容的研究有蔡建明等《現代地理科學》〔註35〕、孫峰華《關於人文地理學中社區的幾個問題》〔註36〕、方明、王穎《觀察社會的視角——社區新論》〔註37〕、林耀華《民族學通論》〔註38〕、郭少棠《民族國

〔註26〕陳濤：《社區發展：歷史、理論和模式》，《中國人口、資源與環境》，1997年第1期。

〔註27〕孫峰華：《社區發展的若干問題與社區地理學在社區發展研究中的作用》，《地理科學進展》，1998年第3期。

〔註28〕侯玉蘭、侯亞非著：《國外社區發展的理論與實踐》，北京：中國經濟出版社，1998年。

〔註29〕劉祖雲：《香港與武漢城市社區服務比較》，《社會學》，2000年第5期。

〔註30〕孫胤社：《城市空間結構的擴散演變——理論與實踐》，《城市研究》，1994年第6期。

〔註31〕閻小培：《近年來我國城市地理學主要研究領域的新進展》，《地理學報》，1994年第6期。

〔註32〕吳傳鈞等著：《世紀之交的中國地理學》，北京：人民教育出版社，1999年。

〔註33〕王興中：《中國城市社會空間結構研究》，北京：科學出版社，2000年。

〔註34〕王興中主譯，（加拿大）戴維‧理著：《城市社會空間結構》，西安：西安地圖出版社，1992年。

〔註35〕蔡建明等著《現代地理科學》，重慶：重慶出版社，1992年，第225～229頁。

〔註36〕孫峰華：《關於人文地理學中社區的幾個問題》，《人文地理》，1990年第2期，第67～70頁。

〔註37〕方明、王穎：《觀察社會的視角——社區新論》，北京：知識出版社，1991年第163～169頁。

〔註38〕林耀華：《民族學通論》，北京：中央民族學院出版社，1990年，第56～58頁。

家與國際秩序》〔註39〕等。

　　此外，對國外學術名著的翻譯無疑是中國現代學術的源泉之一，社會地理學界亦不例外。美國學者保羅·諾克斯與史蒂文·平奇著《城市社會地理學導論》〔註40〕一書對城市社會地理學進行系統解說，是在國際上影響深遠並具有代表性的社會地理學教材。該書不偏重於多種地理學方法中的某個範式，而是對城市研究的所有方法進行了總體概括。英國學者艾倫·萊瑟姆與德里克·麥考馬克及澳大利亞學者金·麥克納馬拉與唐納德·麥克尼爾合著的《城市地理學核心概念》〔註41〕一書為引進西方城市理論研究經典之作，大致涵蓋了相關領域的重要主題，它以新角度和新方法所開啟的新視野，所探討的新問題，具有前沿性、實證性和並置性等特點，帶給我們很多有意義的思考與啟發。該書旨在提供一系列思考城市之所以成為城市的視角。該書的 20 個章節自成體系，我們可以按圖索驥地去瞭解城市生活的複雜性、異質性、模糊性及動態性。通過該書，我們可以瞭解城市不僅為鄰里關係所定義，而且也為一系列全方位的遠距離關係——與它周邊的鄉村的聯繫、與其他城市的聯繫、與其他國家的聯繫——所定義。

　　由上可知，關於社區地理學研究的內容大都是社區中存在的熱點問題，這樣充分也說明了社區地理學在解決社區問題中正發揮著日益重要的作用。

2. 社區景觀研究

　　社區景觀是社區文化最為明顯的闡釋物，向來被歷史地理學者所重視。傳統的文化景觀是指包含了可見的文化元素的地域實體，而 20 世紀 80 年代，學者 Ravio 受到後殖民主義思潮的影響，將其概念表述為一種特殊文化的個體、社區及社會價值的意義和象徵〔註42〕。Daniel,s. and D.Cosgrove 則將景觀看作

〔註39〕郭少棠：《民族國家與國際秩序》，北京：首都師範大學出版社，1998 年，第 226〜275 頁。

〔註40〕（美）保羅·諾克斯，史蒂文·平奇著，柴顏威、張景秋等譯《城市社會地理學導論》，北京：商務印書館，2009 年。

〔註41〕（英）艾倫·萊瑟姆與德里克·麥考馬克，（澳）金·麥克納馬拉與唐納德·麥克尼爾合著；邵文實譯：《城市地理學核心概念》，南京：江蘇教育出版社，2013 年。

〔註42〕Raivo, P. J. The limits of tolerance: the Orthodox milieu as an element in the Finnish cultural landscape 1917〜1939.Journal of Historical Geography, 1997, 23:327〜339.

是一種文化圖像，一種描繪、組織或代表環境的圖形表達方式〔註43〕。而
Cosgrove 則認為景觀作為「一種看的方式」，即一個能使意義、價值和社會秩
序的重新闡釋被綜合的溝通方式〔註44〕。社區文化景觀研究亦受到這一思潮
的影響，將社區文化景觀上物質文化景觀和非物質文化景觀的印記作為社區
景觀研究的核心內容。由此可見，社區文化景觀包含的內容廣泛，結構複雜，
在研究社區文化時不能面面俱到，選取具有一定代表性的景觀。基於此，本文
在對香港城市社區文化景觀的研究時，選取其社區文化景觀中較具代表性的
宗教文化景觀、教育文化景觀及商業文化景觀作為研究的視角。通過研究發
現，香港城市社區文化景觀不是一成不變的，是隨著人口變化、宗教復興、城
市建設等諸多因素的變化而發生變化。

二、香港人口移民研究

　　人口是構成社區的關鍵要素之一。由於香港移民社會的顯著特徵，對香港
人口與社會階層的研究為其城市社會發展史研究提供重要的借鑒意義，本文在
劃分社區類型時，主要以族群為依據，把香港社區劃分為不同族群聚居的社區，
如華人社會區中的廣府人社區、客家人社區以及福佬人社區；外國人社會區中
的英美人社區、葡萄牙人社區、印度人社區及日本人社區。因此，對於不同時
期香港人口的研究，亦是本文關注的重點之一。香港是一個移民城市，與其移
民有關的人口史研究，很早就有學者予以關注，成果頗豐。總的來看，主要可
以分為兩大塊：其一，對居港外國人的研究；其二，對居港華人的研究。

（一）對居港外國人的研究

1. 對居港英人的研究

　　目前學者對於居港歐洲人的研究較少，相關成果往往集中在以香港外籍
族群的研究中所涉及到的歐洲人研究，比較知名的當屬丁新豹《非我族裔：
戰前香港的外籍族群》〔註45〕一書。該書論述了亦官亦商的英國人，包括不

〔註43〕Daniel,s. and D. Cosgrove, eds. Introduction: iconography of landscape. In D.
　　　　Cosgrove and Daniel,s.ed. The iconography of landscape: Essays on the Symbolic
　　　　Representation, Design and Use of Past Environments. Cambridge: Cambridge
　　　　University Press, 1988.1～10.

〔註44〕D. Cosgrove, D. Social Formation and Symbolic Landscape. London: Croom
　　　　Helm, 1984.

〔註45〕丁新豹、盧淑櫻：《非我族裔：戰前香港的外籍族群》，三聯書店（香港）有
　　　　限公司，2014 年。

同時期居港英人的人口數量及人口結構特點，居港英人所從事的職業種類，以及居港英人休閒娛樂與生活等內容。該書採用了大量原始史料，如人口登記報告（Census Report）、行政局會議記錄（Sessional Papers）、商業年鑑、政府年報、殖民地部檔案（Colonial Office Records CO 129）、政府憲報（Hong Kong Government Gazette）等史料。這些頗具價值的史料的運用為研究居港英人的商業活動、宗教活動及社交團體提供重要的支撐。但是該書並非嚴肅的學術著作，僅只是一本兼具趣味性與知識性的普及讀物，時間上也只限於戰前。因此，香港外籍族群的研究尚需全面深入。

　　相較於對居港英國人的研究，學者對於居港其餘外國人的研究幾乎集中在日本人、印度人及葡萄牙人。

2. 對居港日人的研究

　　關於日人的研究著作，如陳湛頤編譯的《日本人與香港──十九世紀見聞錄》〔註46〕與《日本人訪港見聞錄（1898～1941）》〔註47〕。前者是作者檢閱大量日本作家遊記、日記等材料後，描繪出19世紀末期日人眼中的香港面貌。此外，作者在輯錄書中的材料時，大致分為三個時間段：其一，漂流漁民過港時的見聞；其二，幕府末期、明治之交，德川幕府和明治政府所派遣的外訪使團的紀錄；其三，十九世紀後期日本作家、文人、政客等有關香港的記述。以上三個時期內，以第三個時期為主，涉及範圍最廣。該書另闢蹊徑，敘述十九世紀後期日本人筆下的香港，彌補以往香港史研究中中日文化交流史的空白，拓寬了研究的視野。通過梳理旅港日本人的遊記反映了香港在不同歷史時期的社會風貌。後者是作者通過收集20世紀初至40年代訪港日人的記錄材料，分析歸納出日本人對香港的印象，港人的對日感情以至香港社會的變遷等，對於研究港日關係，香港的日本人社區及香港的社會等有一定的參考作用。該書收集的日人訪港見聞錄計有：石川達三著《最近南美事情》〔註48〕、藤田一郎《香港往事談》〔註49〕、稻垣達郎《明治文學

〔註46〕陳湛頤編譯：《日本人與香港──十九世紀見聞錄》，香港：教育圖書公司，1995年。

〔註47〕陳湛頤編譯：《日本人訪港見聞錄（1898～1941）》，香港：三聯書店，2005年。

〔註48〕（日）石川達三：《最近南美事情》，中公文庫，1981年。

〔註49〕（日）藤田一郎：《香港往事談》，載香港日本人俱樂部廣告部編《香港：香港日本人俱樂部創立二十五週年紀念特輯號》，1981年。

全集（15）矢野龍溪集》〔註 50〕、奧田乙治郎《明治初年在香港的日本人》
〔註 51〕、平崗貞《平崗貞自傳》〔註 52〕、野山彌生子《歐美之旅》〔註 53〕、
尾崎秀實《最近的香港和廣州》〔註 54〕、大宅莊一《香港戰時色》〔註 55〕
等。這些遊記為我們研究不同時期居港的日本人提供了詳實的材料，對於研
究香港的日本人社區等有重要參考作用。

　　當然這些遊記或日記也有一定的侷限性。正如陳湛頤在書中所說：

　　　　首先，以旅客身份過港的日本人由於遠洋輪船在中途港口停泊
　　的時間越來越短，通常只逗留一兩天便離去，連帶搭客在香港觀光
　　也不免走馬觀花之嫌。不少記錄都顯示，過港的旅客行色匆匆，而
　　且行程千篇一律，不是到植物公園遊逛，就是乘纜車到山頂俯瞰海
　　港景色，又或乘車在環港島的馬路上兜風等，憑自己興趣選擇參觀
　　不同的地方和設施者相對來說很少，這多少顯示出他們對香港的興
　　趣不大，認識不深，延伸到著作上，就造成見聞錄的涵蓋面不夠寬
　　廣。其次，記錄的內容大多根據作者表面的觀察與主觀的印象寫成，
　　對香港社會的人和事缺乏深入而有系統的探索，他們在港所接觸的
　　人範圍也很狹窄，不出日本駐港領事館的人員或居港的日人，罕有
　　跟香港的學者，官員或一般民眾交流，所以很多不免浮光掠影，失
　　諸膚淺，這都是其不足之處，因此，要研究戰前的港日關係，尚需
　　其他檔案文件、統計數字，特別是領事館的彙報、函電、報告等的
　　配合，才可以得出更深入而全面的分析〔註 56〕。

　　但是，瑕不掩瑜，這些遊記或日記仍是我們研究居港日人的寶貴史料，
應該予以重視。

〔註 50〕（日）稻垣達郎編：《明治文學全集（15）矢野龍溪集》，東京：築摩書房，
　　　　1970 年。
〔註 51〕（日）奧田乙治郎：《明治初年在香港的日本人》，臺灣總督府熱帶產業調查
　　　　會，1937 年。
〔註 52〕（日）平崗貞：《平崗貞自傳》，主婦之友出版服務中心，1975 年。
〔註 53〕（日）野山彌生子：《歐美之旅》，岩波文庫，2001 年。
〔註 54〕（日）尾崎秀實：《最近的香港和廣州》，載《尾崎秀實著作集》第五卷，勁
　　　　草書房，1979 年。
〔註 55〕（日）大宅莊一：《香港戰時色》，載《改造》，1937 年 12 月。
〔註 56〕陳湛頤編譯：《日本人訪港見聞錄（1898～1941）》序言之結語，香港：三聯
　　　　書店，2005 年。

李培德等學者編著《日本文化在香港》〔註57〕一書主要分為三個部分：早期香港日本文化和社會關係、當代香港的日本文化、香港的日本研究，從不同角度研究香港日本人的歷史、社會文化及政治經濟等方面，其研究特點有三：其一，展示了利用第一手資料和實地調查來進行討論的客觀性，如對香港日本人墓地的調查、香港上演日本電影的詳細資料、香港八佰伴百貨公司調查、香港收藏日本書籍調查、港日關係年表、港日關係史研究文獻等；其二，本書收錄的論文具有較高的學術價值，一些專門性的文章，運用包括歷史學、社會學、人類學、語言學、文學等學科的研究方法。這種多學科交叉的研究，進一步拓寬香港移民史研究的視野；其三，本書收錄研究香港日本人的論文，其觀點具有一定創新性，如羅燕妮、陳文耀《從香港日本人墓地碑文看日本人在香港活動歷時之轉變》〔註58〕中所指「香港日本人墓地的死者，絕大部分是出生於九州、長崎一帶的女性」；吳偉明《日本流行文化在香港的本地化現象原因初探》〔註59〕指出「香港的日本文化並非直接從日本傳入，而經過臺灣中轉，到了香港之後，已不能說是純粹的日本文化，而是具有混雜文化特徵的日本文化」。所有這些都表明日本文化對香港政治、經濟與社會均產生了深遠影響，香港成為多元文化的大熔爐。

3. 對居港印度人的研究

當前，學界對於居港印度人的研究關注度不高，相關成果較少，比較全面且論述較為深刻的當屬唐姍《香港印度人社會形成的過程、現狀及其與香港社會的融合》〔註60〕。該文採用大量真實可信的田野調查，並結合文獻整理的方法，著重論述了在港印度移民的歷史、現狀、對香港社會的貢獻與影響、與香港社會的融合度以及與印度本土的感情和聯繫，以求展現居港印度人的獨特的精神風貌，開創國內全面研究香港印度人之先河。著者認為，香港是中國境內吸納印度人最多的地區。當前在港印度人大約有 5 萬人之多，是最龐大、最古老的香港南亞裔移民，是香港社會一股不容忽視的力量，與

〔註57〕李培德：《日本文化在香港》，香港：香港大學出版社，2006 年。

〔註58〕羅燕妮、陳文耀：《從香港日本人墓地碑文看日本人在香港活動歷時之轉變》，載於李培德：《日本文化在香港》，香港大學出版社，2006 年。

〔註59〕吳偉明：《日本流行文化在香港的本地化現象原因初探》，載於李培德：《日本文化在香港》，香港大學出版社，2006 年。

〔註60〕唐姍：《香港印度人社會形成的過程、現狀及其與香港社會的融合》，暨南大學博士學位論文，2013 年。

香港社會的繁榮穩定休戚相關。居港印度人研究對於延伸我國海外印度人研究範疇和完善中國僑務政策都有重要推動作用。

美國學者麥登高對居港印度人亦有過關注，其著《香港重慶大廈：世界中心的邊緣地帶》〔註61〕一書中對居住在重慶大廈的印度人有著較為詳細的描述。著者通過居港印度人 Johnny Singh 口述歷史，通過橫向比較，得出居住在該大廈內的印度人相較於其他居港印度人聚居區有較強的歸屬感，這也是導致大廈內穆斯林人口增加的原因之一。麥登高以一個大廈內居住的族群為背景進行的人類社會學研究，為本書提供了獨特的研究視角。

此外，也有學者對居港印度人經營商業亦有所關注，如張明亮《香港的印度人及其對兩地經貿的影響》〔註62〕一文，論述了印度人到香港的歷史過程及社會角色、功能的多樣化。早在19世紀中期，印度人隨著英國的商人和軍隊進入香港；他們或經商，或在政府部門擔任小職員，亦或是擔任警察。無論是何種職業，但大多數為英國人服務。居港印度人雖然人數不多，但作為香港社會不可分割的一部分，他們的宗教、教育、社團等活動豐富了香港的多元文化生活。現在居港的印度人是第二或第三代印度人，能講漢語，但不懂漢字。他們大多活躍在商業領域，從事印港貿易。印港之間的貿易與印度人到香港一樣歷史悠久，印港貿易更是每年都大幅增長。不僅如此，印度和香港政府還致力於科技合作，充分發揮印度在科技領域的優勢，以及香港在亞太乃至世界的區位優勢。

4. 對居港葡人的研究

香港的葡萄牙人大都從澳門遷移過來的，目前國內外學界對澳門土生葡人的研究已有一些優秀成果，但對於澳門土生葡人在19世紀裏大規模向香港遷居的移民現象關注不夠，更沒有一部專門論述他們遷居香港的前因後果和居港情況的學術專著，而葉農《渡海重生：19世紀澳門葡萄牙人移居香港研究》〔註63〕一書可謂拓荒之作。該書在豐富詳實的史料基礎上運用量化分析和案例分析相結合的研究方法，分析嚴謹，結論較為可靠，觀點新穎。如其

〔註61〕（美）麥登高著、楊瑒譯：《香港重慶大廈：世界中心的邊緣地帶》，上海：華東師範大學出版社，2015年。
〔註62〕張明亮：《香港的印度人及其對兩地經貿的影響》，《河南師範大學學報（哲學社會科學版）》，2006年第2期，第93～98頁。
〔註63〕葉農：《渡海重生：19世紀澳門葡萄牙人移居香港研究》，北京：社會科學文獻出版社，2014年。

認為，由於澳門葡萄牙人以家族形式大量遷港生活，或經商，或充當洋行和港英政府的雇員，到 19 世紀末，人數達到了一定的數量，成為香港外國人社區的一個重要組成部分，地位相當重要，並且由於他們特有的生活方式，葡萄牙人終於形成了自己的一個新社區——香港葡萄牙人社區。

此外，一些葡萄牙學者對居港葡萄牙人有過研究，如施利華之 *"Portuguese in Hong Kong and China: Their Beginning, Settlment and Progress During One Hundred Years"*〔註 64〕與白辣嘉之 *"Hong kong and Macao: A Tribute to Memory of Prince Henry 'the Navigator' on the Occasion of the Festivities in His Honour, Hong Kong"*〔註 65〕，對過去百年葡萄牙人在香港的移民過程，中葡關係、港澳關係交往細節有過較為詳盡的記載，是研究居港葡人的珍稀史料。

（二）對居港華人的研究

學界對居港華人的研究相較於外國人，則關注度較高，著述豐富。

如丁新豹《香港早期之華人社會（1841～1870）》〔註 66〕。該文系統地探討了開埠初期香港華人社會發展的歷史，頗具開創性，因為在此之前，無論是羅香林、饒宗頤、林天蔚等中國學者，亦或是 G.B.Endacott 及 G.R.Sayer 等國外學者的關注點大都集中在 1841 年前的香港。而有一些國外社會學者，雖已關注到香港華人社會發展的問題，並取得一些不錯的研究成果，如 Maurice Freedan、Barbara Ward、Hugh Baker、James Hayes 及 David Faure 等，但是他們研究重點放在新界鄉鎮的結構、華人禮俗等方面，而開埠後的華人社會，尤其是城市華人社會的形成、發展與變遷尚未涉及。即使後來 James Lethbridge 及 Carl Smith 兩位學者對華人社會與港府間的合作關係以及華人領導層及基督教所培養的華人精英等有過獨特研究，並取得顯著成績，成為「香港華人社會發展史研究的奠基者」〔註 67〕。然而以上學者都不

〔註 64〕 Braga, José Pedro, "Portuguese in HongKong and China: Their Beginning, Settlment and Progress During One Hundred Years," Renascimento, 1944, Macau: Fundacǎo Macau and Mar-Oceano, 1998, p.162～163。

〔註 65〕 Braga, José Maria, Hong Kong and Macao: A Tribute to Memory of Prince Henry "the Navigator" on the Occasion of the Festivities in His Honour, Hong Kong: Graphic Press, 1960, p.70.

〔註 66〕 丁新豹：《香港早期之華人社會（1841～1870）》，香港大學博士學位論文，1989 年。

〔註 67〕 丁新豹：《香港早期之華人社會（1841～1870）》，香港大學博士學位論文，1989 年，第 3 頁。

算是真正系統、全面研究開埠初期香港華人社會發展的研究。依此而論，丁新豹之博士論文無疑具有開創性。

丁新豹在論文中不僅利用通志、府志、縣志、族譜、廟宇碑文等原始文獻，以及宗親會、同鄉會及商會等社團組織的記錄等各類中文獻資料，還利用英國理藩院及外交部所藏的大批文件檔案，香港政府的年報、憲報、報刊等外文文獻進行研究，史料豐富，既為其論文提供重要支撐，亦為後世學者研究香港歷史提供有益的借鑒。依其論文內容來看，丁文探索了1841～1870年間華人社會誕生及發展的軌跡。具體論述了1841年前香港及統治模式，與香港割讓有關的一些問題，包括英人為何佔領香港、中英談判時的一些疑點及中英雙方對華人治權之爭論以及香港的移民問題。

劉義章主編《香港客家》〔註68〕一書共收錄14篇研究香港客家人的論文，該書的作者們探討了香港客家文化的多個方面，包括族群起源、語言、民居、宗教信仰、教育、飲食和生態旅遊資源等內容。本書對於瞭解香港客家人的社會生活及文化極具參考價值。

此外，一些關於香港華人社會的研究著作，亦值得關注。如香港大學潘先偉《香港華人社會之研究》〔註69〕、莫世祥《香港早期社會發展與華人社會的調試》〔註70〕、張振江《早期香港華人流出地試析》〔註71〕和徐日彪《近代香港人口試析（1841～1941）》〔註72〕。以上著述闡明瞭早期香港華人的地緣構成，並對近代香港的人口情況做了橫向分析，重點考察人口增長率、性別比例、婚姻狀況等，對某一時期香港外來移民人口的橫向的某一方面進行論證。

蕭國健《香港歷史與社會》〔註73〕一書採用方志、族譜及銘文等資料，加入作者運用田野考察搜集、採訪得到的鄉村父老口述記錄，分總論、社會、軍防及文物四部分對香港歷史予以系統論述。蔡榮芳《香港人之香港史1841～1945》〔註74〕，介紹了華人勞工的生活、華人社區的建立及華人發起的抗

〔註68〕劉義章主編：《香港客家》，桂林：廣西師範大學出版社，2007年。
〔註69〕潘先偉：《香港華人社會之研究》，香港大學碩士學位論文，1977年。
〔註70〕莫世祥：《香港早期社會發展與華人社會的調試》，《檔案與史學》，1996年第3期。
〔註71〕張振江：《早期香港華人流出地試析》，《南方人口》，2008年第1期。
〔註72〕徐日彪：《近代香港人口試析（1841～1941）》，《近代史研究》1993年第3期。
〔註73〕蕭國健：《香港歷史與社會》，香港：教育圖書公司，1994年。
〔註74〕蔡榮芳：《香港人之香港史1841～1945》，香港：牛津大學出版社，2001年。

爭活動，分析了香港社會的衝突和危機。

　　國外學者對香港華人人口的研究也不容忽視，如研究客家居民的 Berkowitz. Morris I "*Folk religion in an urban setting: a traditional roots of Hong Kong society*"〔註75〕。貝克（H.D.R. Baker）著《城市生活：「香港人」的出現》（*Life in the Cities: the Emergence of Hong Kong Man*）〔註76〕，作者對維多利亞城與九龍城兩個城區居民各方面生活做了詳細考察後指出：「短期生活」不是香港的獨有現象，香港獨有的是出現「香港人」，「香港人」的特徵是「堅決果斷，有高度競爭力和頑強的生命力，思想敏銳，能屈能伸。他們穿西服，說英語，或希望自己的孩子會說英語，喝西洋酒，對小汽車有鑒別力，會擺弄家庭小玩意兒，希望生活能提供經常性的刺激和新的開端，但他們不是英國人或西方人，他們是中國人，但不同於內地的中國人。他們不講普通話，只講粵語，他們對依靠自己的決心和努力創造的社會感到驕傲和熱愛」。作者在總結本文時指出，香港未來問題之所以難於解決，就由於有了「香港人」。

　　此外，還有一些有關香港華人社會、族群的研究。如施其樂（Carl. T. Smith）的《香港華人精英的出現》〔註77〕，該著論述香港華人資產階級的形成及發展。另外也有一些論文是研究香港華人人口，如德懷爾（D.J.Dwyer）的《香港戰後人口增長的若干問題》〔註78〕，該文從人口變動對香港經濟發展作出說明；Guldin 博士的論文「*Overseas*」at home: the Fujianese of Hong Kong 」（University of Wisconsin Madison, 1977）、Constable Nicole 編寫的「*Guest people: Hakka identity in China and abroad*」（Seattle: University of Washington Press, 1996）。日本也有學者研究香港移民，如 Donald Skelton 編著、可兒弘明等翻譯的《香港中國人移民世界》〔註79〕；下條義克著的《香港華僑概說》〔註80〕等均有一定的參考價值。

〔註75〕Hong Kong: Centre of Asian Studies, University of Hong Kong, 1984 年。

〔註76〕《香港問題專刊》（Hong Kong Briefing），《中國季刊》（China Quarterly），1953 年 9 月號，倫敦，第 469～479 頁。

〔註77〕施其樂（Carl.T.Smith）：《香港華人精英的出現》，載於倫敦《皇家亞洲學會香港分會會刊》，1971 年第 11 卷。

〔註78〕（英）德懷爾（D. J. Dwyer）：《香港戰後人口增長的若干問題》，載於英國《經濟地理》，1966 年第 1 期。

〔註79〕（日）Donald Skelton 編著、可兒弘明等譯：《香港中國人移民世界》，東京：東京行路社，1997 年。

〔註80〕（日）下條義克著：《香港華僑概說》，東京：東亞研究所，1939 年。

　　由以上可知，學者對於香港人口移民史的研究關注較多，成果頗豐，主要
在居港外國人中的葡萄牙人、日本人及印度人，以及居港華人中的廣府人、客
家人、福佬人等。研究的內容包括人口的遷移與分布、文化的形成、居民的生
活等方面。人口是構成社區的主要要素之一，對於香港城市人口的研究，有助
於瞭解不同族群的社區在香港的形成、分布及演變的特徵與規律。然而，總體
來看，目前學術界對於香港歐美人的研究，則關注不高，相應的研究很薄弱，
實屬遺憾。

三、城市社會史研究

　　近年來，城市史研究作為一門新興學科在國內迅速發展。學界對城市史
這門學科的認識和界定上基本一致，即城市史研究是以一個城市、區域城市、
城市群、城市類型乃至全國城市為對象，研究城市結構和功能，分析地位、
作用和發展過程，論述各城市之間、城鄉之間的關係及變化，探討城市的發
展規律。基於這個界定，香港城市史研究可以分為為兩個方面，即以香港自
身為對象的研究和以香港與其他城市間的關係為對象的研究。針對香港的城
市史研究也是主要圍繞香港的城市地位和功能進行的。關於香港城市發展史
與城市社區發展史等方面的問題尤須注意。

（一）香港城市社會史研究

1. 內地學者關於香港城市社會史的研究

　　香港自開埠以來，隨著經濟的飛速發展，國際大都市地位日益彰顯。國
內學者越來越重視香港問題研究。近年來，國內研究學者從不同的學科角度，
包括歷史學、地理學、社會學、城市學及建築學等方面對香港史作了相應的
論述與研究，香港城市史的相關研究逐漸受到關注。

　　如勞炯基、蔡穗聲著《香港城市建設與管理》〔註81〕一書，該專著全面、
客觀地介紹了香港城市建設的歷史和都市化發展的情況，城市建設的理論與
管理模式，如何在寸土寸金的香港進行城市規劃、新市鎮開發、舊市區重建
等問題。本書系統地論及了香港的土地制度和土地資源開發原則，居住模式
與政府的公屋政策，是怎樣在人口高度密集的彈丸之地上使人們安居樂業的。
此外，本書還展示了香港房地產業與建築業的特點、樓宇物業、交通運輸、

〔註81〕勞炯基、蔡穗聲：《香港城市建設與管理》，廣州：廣東人民出版社，1992 年。

公用事業等方面的狀況和管理經驗，以及環境保護等問題。作者通過實地考察，獲得了大量詳細、準確和新穎的資料，並在此基礎上作了深入研究，本書內容豐富翔實，論述頗具功力，有相當的學術價值與實用價值。由於作者作為行政學與市政學的學科背景，較少從歷史學角度對香港城市建設與管理進行深入探討。然本書對於希望瞭解香港城市建設問題，借鑒先進管理經驗的管理者仍不失為一本佳作。

又如馮邦彥著《香港地產業百年》〔註82〕一書，該書試圖在香港開埠以來經濟發展和人口增長的宏觀背景下，展示並深入剖析香港地產業在特定的地權制度下從萌芽、發展、到成熟的整個歷史軌跡，從中發現香港地產業發展的一般規律，它和整體經濟與市民生活的互動關係，它在香港經濟中的地位和作用。不僅如此，該書亦深入研究了香港各主要地產發展商的成功投資策略及失敗教訓。

另外，國內一些高校的博士生亦開始關注香港城市發展與建設，如蘭靜《近代香港外來移民與香港城市社會發展（1841～1941）》〔註83〕認為香港在近代時期的城市發展與香港的外來移民是密切相關的。文章分析了近代香港外來移民對香港城市港口的發展和城市交通運輸系統形成的推動和促進作用，以及城市工商業中心的分布與外來移民分布的關係同時，文章對近代香港外來移民對香港的城市文化的塑造進行探討，著重分析外來移民對近代香港語言文化的影響、近代香港宗教建築的分布與外來移民聚居點分布的關係、近代香港外來移民在香港城市教育文化的發展和香港獨具特色的地名等方面發揮的作用等。

又如鄒涵《香港近代城市規劃與建設的歷史研究（1841～1997）》〔註84〕從城市規劃史學的研究角度，研究香港150多年來的城市規劃與建設歷史。採用文獻調研、實地調查、統計分析、比較分析等方法，通過回顧國際政治、經濟流變背景下的香港近代城市規劃的發展歷程、城市規劃實踐的內容、規劃管理機構的發展演變，提出了香港近代城市規劃的歷史分期。同時探究影響香港近代城市化從起源到發展的因素，總結出香港近代城市規劃與建設的

〔註82〕馮邦彥：《香港地產業百年》，上海：東方出版中心，2007年。
〔註83〕蘭靜：《近代香港外來移民與香港城市社會發展（1841～1941）》，暨南大學博士學位論文，2011年。
〔註84〕鄒涵：《香港近代城市規劃與建設的歷史研究（1841～1997）》，武漢理工大學博士學位論文，2011年。

特徵，確立其作為中國近代城市規劃中一個特殊個案的歷史地位及對現時的啟示意義。

也有一些學者在其著作中有涉及到香港城市的部分，也應給予關注。如梁元生在《城市史研究的三條進路——以上海、香港、新加坡為例》〔註85〕；楊汝萬、沈建法編寫的《泛珠三角與香港互動發展》〔註86〕等。

此外，暨南大學歷史地理研究中心吳宏岐教授早年就對西安城市歷史地理做過非常詳盡的研究。近年來，吳宏岐教授及其學術群體通過對珠江三角洲如廣州、澳門、順德、潮州、惠州、增城、江門等城市歷史地理的系統研究，取得了一系列顯著的學術成果，雖然沒有直接涉及香港，但其對歷史城市地理研究的獨到方法理念對本文整體框架的形成頗多借鑒與啟迪。

2. 香港學者關於香港城市社會史的研究

香港學者得地利之便，相較於其他地區學者對香港城市史的研究則更為具體，包括街道、街區、城市規劃及社會生活等詳細內容，且成果頗豐。

李明著《香港街區研究》〔註87〕，該書用解剖若干代表性街區，包括上環、油麻地、銅鑼灣、大角咀、觀塘、九龍城等街道的方法分析了香港的城市與社會發展，取徑新穎，有一些獨到的見解。鄭寶鴻著《香港經典系列：港島街道百年》〔註88〕與《新界街道百年》〔註89〕、及鄭寶鴻，佟寶銘編著的《九龍街道百年》〔註90〕叢書系列，根據第一手資料（主要是指照片與明信片），簡明扼要地闡述了港島、九龍及新界街道百年的發展脈絡，對於我們瞭解整個香港地區的發展，大有裨益。

何佩然所著《地換山移——香港海港及土地發展一百六十年》〔註91〕一書深入分析過去的 160 年裏香港土地及港口開發的歷史，並選輯了大量珍貴

〔註85〕梁元生：《城市史研究的三條進路——以上海、香港、新加坡為例》，《史林》，2007 年 2 期。
〔註86〕楊汝萬、沈建法編寫：《泛珠三角與香港互動發展》，香港：香港中文大學香港亞太研究所，2005 年。
〔註87〕李明：《香港街區研究》，香港：牛津大學出版社，1977 年。
〔註88〕鄭寶鴻編著：《香港經典系列：港島街道百年》，三聯書店（香港）有限公司，2012 年。
〔註89〕鄭寶鴻編著：《新界街道百年》，三聯書店（香港）有限公司，2012 年。
〔註90〕鄭寶鴻，佟寶銘編著：《九龍街道百年》，三聯書店（香港）有限公司，2012 年。
〔註91〕何佩然：《地換山移——香港海港及土地發展一百六十年》，香港：商務印書館有限公司，2004 年。

歷史圖片，重構了近代香港崛起至興盛的脈胳。薛鳳旋編著《香港發展地圖集》〔註 92〕則收集了香港開埠以來在自然、經濟、城市、社會、環境等多方面的大量圖標資料，作者用大量地圖及數據表格對香港的經濟、土地利用、社會及城市發展做出獨特分析。陳鏸勳《香港雜記》〔註 93〕則是最早從華人角度記錄香港政治、社會概況的作品，其中就有關於城市公共場所如茶樓、飯館情景的文字描述，這大概算是對香港早期商業性社區的較早記錄了。由科大衛等人合編的《香港碑銘彙編》〔註 94〕也有大量關於寺廟、當鋪、醫院等公共建築物的記載，圍繞這些公共場所聚居的早期社區也有諸多文字記述。盧惠明、陳立天《香港城市規劃導論》〔註 95〕是一部比較系統全面介紹二戰後香港城市規劃的專著。該書介紹了香港城市規劃在過去、現在和未來的面貌和種種演變，具體包括城市規劃發展歷程、運作機制、城市規劃法例、市區重建、新市鎮的規劃發展、規劃資料數據化及規劃教育等內容。通過該書，我們可以對香港城市規劃有一些基本的認識。但該書並不是一本學術性的城市規劃著作，只可算作是概論式的、深入淺出的基本參考讀物。

反映香港社會風俗的成果大都是二十世紀八十年代以後問世，相關論題有香港的婚俗、服飾、節日等。概論性代表作有張瑜等著《中西合璧——香港居民的社會生活》〔註 96〕、方國榮《昨日的家園》〔註 97〕及金耀基 Social life and development in Hong Kong〔註 98〕。涉及社會風俗具體論題的有司徒嫣然《羅衣百變——香港服飾演變》〔註 99〕、林炳輝《本地華人傳統婚禮》〔註 100〕。因此，研究社區從關注文化入手不失為一條理解社區的重要途徑。

此外，一些專著裏面亦涉及到香港城市史的研究，如王賡武主編《香港史新編》〔註 101〕由多位學者、專家的研究成果編輯而成，資料詳實，觀點鮮

〔註 92〕薛鳳旋編著：《香港發展地圖集》，三聯書店（香港）有限公司，2010 年。
〔註 93〕陳鏸勳：《香港雜記》，廣州：暨南大學出版社，1996 年。
〔註 94〕科大衛等合編：《香港碑銘彙編》，香港：香港市政局，1986 年。
〔註 95〕盧惠明、陳立天著：《香港城市規劃導論》，三聯書店（香港）有限公司，1998 年。
〔註 96〕張瑜等著：《中西合璧——香港居民的社會生活》，北京：中國文聯出版公司，1996 年。
〔註 97〕方國榮：《昨日的家園》，三聯書店（香港）有限公司，1993 年。
〔註 98〕金耀基：Social life and development in Hong Kong，Hong Kong: Hong Kong University Press, 1981。
〔註 99〕司徒嫣然：《羅衣百變——香港服飾演變》，香港：市政局，1992 年。
〔註 100〕林炳輝：《本地華人傳統婚禮》，香港：市政局，1987 年。
〔註 101〕王賡武主編：《香港史新編》，三聯書店（香港）有限公司，1997 年。

明，闡述了香港史研究在考古、社會、政制、城市、經濟、教育、文化、宗教、風俗等方面的成果，是香港史研究成果一次較全面的總結，該書尤其偏重社會文化部分，是過去許多香港史作品所缺乏的。

從以上香港學者的研究可以看出，儘管對香港城市發展時期的街道、港口等場所有所涉及，總體而言，對香港城市社區的類型與構成、城市社區空間擴張以及城市社區衝突等方面則需要深入的討論。

3. 國外學者對香港城市社會史的研究

國外學者對香港城市社會史的研究主要集中在如下兩個方面：

第一、城市社會經濟與社會生活

外國學者對香港的外資財團研究頗多，如景復朗（Frank. H. H. king）主編《東方的金融業》〔註102〕主要論述了滙豐在世界各地分行情況，但也涉及滙豐在中國內地和香港經濟活動。克里斯韋爾（C.Crisswell）《大班們：香港的商業王子》〔註103〕介紹了香港主要的外資財團的歷史，其中對太古、置地、沙遜等財團情況均有詳細論述。Tuner Matthew *"Made in Hong: a history of export design in Hong Kong（1900～1960）"*〔註104〕、Ho, Chun-yuen Henry *"The Fiscal System of Hong Kong"*〔註105〕史彭年（E.F.Szczepanik）《香港的經濟成長》〔註106〕、日本學者橫山昭市《香港工業化之研究》〔註107〕、小林進《香港的工業化》〔註108〕均是研究香港社會經濟發展的重要著作和論文。戰後特別是六七十年代，中國處於特殊的政治環境中，外國學者無法進入國內調查研究，使香港成為中國研究或觀察中國的據點，吸引了歷史學家、社會學家和人類學家收集資料研究香港。該時期研究香港鄉村社會和經濟轉

〔註102〕（英）景復朗（Frank.H.H.king）主編：《東方的金融業》，倫敦亞芙倫出版社，1983年。

〔註103〕（英）克里斯韋爾（C.Crisswell）：《大班們：香港的商業王子》，香港：牛津大學出版社，1981年。

〔註104〕（英）Tuner Matthew "Made in Hong: a history of export design in Hong Kong（1900～1960）", Hong kong: Urban Coucil, 1988。

〔註105〕（英）Ho, Chun-yuen Henry "The Fiscal System of Hong Kong", London: Croom Helm, 1979。

〔註106〕（英）史彭年（E.F.Szczepanik）：《香港的經濟成長》，倫敦：牛津大學出版社，1958年。

〔註107〕（日）橫山昭市：《香港工業化之研究》，東京大明堂，1969年。

〔註108〕（日）小林進：《香港的工業化》，東京經濟研究所，1970年。

變的有 Potter. Jack.M *"Capitalism and Chinese peasant: social and economic change in a Hong Kong village"*〔註 109〕，Faure、David and Hayes *"From village to city: studies in the traditional roots of Hong Kong society"*〔註 110〕。

Ａ・Ｙ・Ｃ・金（King ）與李（Ｒ・Ｐ・Lee）合編《香港社會生活與發展》〔註 111〕*(Social Life and Development in Hong Kong)*，本書係香港中文大學社會研究中心組織編寫的論文集，論述了香港在過去 30 年間，人口從 60 萬增至 500 多萬，這些外來人口對香港的社會結構和英國的殖民統治發生什麼作用，本書各篇論文從不同角度對這兩個問題做了分析研究。Eitel，E.J.在專著 *Europe in china: the history of Hong Kong from the beginning to the year 1882*〔註 112〕一書中對當時華人社區的情況有所涉獵，成為第一本討論香港華人社區的英文香港史學術專著。Faure, David: *A Documentary history of Hong Kong: Society*〔註 113〕和 *Hong Kong: a reader in social history*〔註 114〕兩書運用大量檔案、報刊、民間文書在內的歷史文獻，通過分析建構的方式反映當時香港的社會、政治情況，作者組織分析能力突出，在香港社會史研究中極具參考價值。而 Faure, David 的 *The common people in Hong Kong history: their livelihood and inspiration until the 1930s*〔註 115〕著重研究二十世紀上半葉以前的香港普通民眾生活，從而比較完整清晰地呈現不同社區居民的日常生活狀況。

〔註 109〕 Potter.Jack.M: "Capitalism and Chinese peasant: social and economic change in a Hong Kong village", Berkeley: University of California Press, 1968。

〔註 110〕 Faure, David and Hayes: "From village to city: studies in tne traditional roots of Hong Kong society", Hong Kong: Center of Asian studies, University of Hong Kong, 1984。

〔註 111〕 Ａ・Ｙ・Ｃ・金（King）與李（Ｒ・Ｐ・Lee）合編：《香港社會生活與發展》（Social Life and Development in Hong Kong），香港中文大學出版社，1951年。

〔註 112〕 Eitel.E.J.: Europe in china: the history of Hong Kong from the beginning to the year 1882, London: Luzac & Company, 1895。

〔註 113〕 Faure, David: A Documentary history of Hong Kong: Society, Hong Kong: Hong Kong University Press, 1997。

〔註 114〕 Faure, David: Hong Kong: a reader in social history, Hong Kong: Oxford University Press, 2003。

〔註 115〕 Faure, David: The common people in Hong Kong history: their livelihood and inspiration until the 1930s, in Lee Pui-tak, ed., Colonial Hong Kong and Modern China, Interaction and Reintegration, Hong Kong: Hong Kong University Press, 2005, p9～37。

第二、城市規劃史

城市空間的擴展，社區的形成很大程度取決於政府的城市規劃政策。
1941 年 12 月日軍佔領香港，此後三年零八個月為日治時期。1945 年 8 月日
本投降，港英政府重返香港，此時香港已傷痕累累。1947 年曾經主持編制了
《「大倫敦規劃」》的 Sir Abercombie（阿伯克隆比爵士）被港英政府委任，
為香港未來港口和城市發展提供綱領性的建議。1948 年 9 月出版的阿伯克
隆比《香港初步城市規劃報告》，涉及港口建設、人口規模、房屋密度、商
店和作坊、工業選址和分區、道路建設、香港島到九龍的海底隧道、修建鐵
路、搬遷軍事用地、城市中心區、開放空間、新界、旅遊及配套設施等建議
內容。報告特別提出在不損害海港的前提下填海造地，將人口轉移到九龍和
新界的新市鎮，以緩解香港島過度擁擠的問題。該報告對香港戰後城市規劃
及建設起到了一定作用。

近年來，西方學術界對城市史的研究主要從城市規劃史的角度入手，包
括土地規劃管理、城市管理制度、城市管理理念、城市規劃方法以及城市規
劃實踐等，關於香港城市社會的研究也不例外。如 Lobscheid, William: *A few
notices on the extent of Chinese education and the government schools of Hong
Kong* 〔註 116〕；Wright, Arnold: *Twentieth century impression of Hong Kong,
Shanghai, and other treaty ports of China, their history, people commerce,
industries, and resources* 〔註 117〕皆是當時少有的對香港城市建築風貌有較為
詳細論述的著作。

關於香港城市發展的研究主要有：《香港的土地利用規劃：歷史、政策與
過程》〔註 118〕該著作從土地利用規劃的角度記錄了香港實施土地政策的歷
史和實施過程。《城市化、殖民化和世界經濟：世界城市體系的文化與空間基
礎》〔註 119〕，它一方面沿著歷史脈絡的軌跡，一方面沿著城市範圍的軌跡，

〔註 116〕 Lobscheid, William: A few notices on the extent of Chinese education and the
government schools of Hong Kong, Hong Kong; China Mail Office, 1859。

〔註 117〕 Wright, Arnold: Twentieth century impression of Hong Kong, Shanghai, and other
treaty ports of China, their history, people commerce, industries, and resources,
London: Lloyd's Greater Britain Pub. Co., 1908。

〔註 118〕 《香港的土地利用規劃：歷史、政策與過程》：Roger Bristow. Oxford: oxford
University Press: 1984。

〔註 119〕 《城市化、殖民化和世界經濟：世界城市體系的文化與空間基礎》，
KingAnthony. London: Routledge: 1990。

審視了城市規劃如何影響城市建設和經濟發展，其中以香港的城市發展為案例之一。《規劃制度與城市經濟成就：以香港為例》〔註120〕的作者從城市與區域經濟學角度以香港為例進行了研究，著重分析了城市規劃特別是規劃體系及規劃制度與城市經濟發展的關係。《香港的土地管理與實踐》〔註121〕闡釋香港歷史的發展和當前土地政策的實踐。涉及測量學、建築學、城市規劃及法律，更著重於商業與金融學。強調了香港的發展基礎來自資本主義體系下的土地租用所有權制度。《香港：城市的成長》〔註122〕參考了一系列世界重要城市的歷史，將它們由始至今的城市成長和變化歷程製表進行分析。運用了現代地圖、油畫、銅版畫、木版畫、照片等資料，提供了各城市成長一種直觀的表達。由此我們可以看出，西方研究城市發展歷史的學者大多從土地利用管理、城市規劃制度、城市規劃理論實踐或城市史角度入手進行研究，對城市社區的研究尚少。

　　綜上所述，國外關於香港城市發展問題的研究主要集中在城市社會經濟與社會生活，城市建設規劃與管理等方面，而具體到關於香港城市社區管理問題的研究，尚需進一步加強探討。本文將從歷史社會地理的視角出發，希望能在前人研究的基礎上做更多的拓展工作。對香港城市社區發展的地理分布、擴散和變化，以及社會活動的地域結構形成和發展規律等進行深入探討、比較研究，改變過去歷史研究偏重縱向發展過程的慣例，始終關注人文地理景觀的營建過程，突出歷史社會地理的特色。如將移民人口與移民社會地理納入研究範疇，對香港城市社會地理格局的形成與演變作全面系統的梳理等，把一些具體的社會人文現象如社區衝突等放到社會地理變遷空間中考察。

（二）國內外學者對世界其他城市的研究

　　國內外學者對世界其他地區城市的研究成果我們應該予以關注，如日本學者柴田德衛所著《現代都市論》；宮本憲一《從都市問題到都市政策》。前者從歷史學國際比較視角對日本城市發展過程以及當時所面臨的城市問題進行研究；後者將城市經濟、城市內容、城市政策三者結合起來進行研究。以上二位學者對日本城市的研究主要關注點是城市問題，因為20世紀

〔註120〕Samuel Staley Hong Kong: Chinese University Press: 1997。
〔註121〕Roger Nissim. Hong Kong: Hong Kong University Press: 1998。
〔註122〕AlexanderHolmes, JoanWaller. Compendiumpress: 2008.

60 年代，隨著經濟的快速發展，日本亦進入了高速城市化階段，城市問題日趨嚴重，諸如工業污染、垃圾處理、居住問題、交通擁擠等所謂的「城市病」引起了日本社會的高度關注。國內學者也對日本城市有過詳細研究，如杜建人所著《日本城市研究》〔註123〕一書，該書對日本城市的形成、發展、交通和制度，以及日本城市的土地問題、土地政策和城市住宅問題、住宅政策、還有日本城市公害與治理，城市生活與環境等方面作了詳盡的分析與研究。這無疑對香港城市發展，現存的城市治理問題、環境問題、住宅問題、交通問題等城市建設問題開展研究，制定政策有著借鑒作用。

美國學者對其城市史的研究成果亦很豐富。如早期學者格萊布和布朗所著《美國城市史》，該文明確指出美國城市的起源首先在於其聯繫功能，其城市的發展並非因農業發展所促成的，而是在推動農業發展和向內陸開發的同時，能起到保持與歐洲大陸聯繫的樞紐作用。而學者舒達柯夫（H. P. Chudacoff）和史密斯（E. Smith）合著的《美國城市社會的演進》，該書用大量詳實生動的史料展現了美國城市的發展歷程，認為殖民地時期的美國城市的人口、物質普遍高度集中，自然形成的小型市鎮大都骯髒、擁擠，公共衛生的觀念相當淡薄。為了改善衛生狀況，殖民地當局頒布了許多規定，雖然遭遇巨大阻力，但最後亦能艱難執行並初步成效；密集的木質結構房屋火災隱患巨大，在造成巨大損失的同時，亦促進了城市社區的自我更新。

國內知名學者王旭所著《美國城市化的歷史解讀》，該書以歷史發展的眼光介紹了美國城市形成發展的條件、規模和問題，論述了港口城市的共同特性是以經濟活動為主的商業性城市……殖民地城市的發展從一開始就建立在資本主義自由貿易市場經濟基礎之上，起步於較高的發展平臺，真正具備強大潛能。不僅如此，王旭在其另一部著作《美國城市發展模式：從城市化到大都市區化》進一步闡述了美國城市在現代化工業背景下的延伸發展，通過紐約、芝加哥、波士頓、底特律、洛杉磯、舊金山等主要城市發展的案例分析，揭示了美國城市從起源、發展、衰落、再發展的歷史機遇和進程模式，重點闡述了各大城市不同的支柱產業經濟的形成變化及其對城市人口、產業布局、交通及環境的影響，對大都市和普通城市進行了對比研究，重新定義和分析了大都市的組織運作方式。

以上學者對日本、美國等國家城市的研究，雖然在內容上與本文研究之

〔註123〕杜建人：《日本城市研究》，上海交通大學出版社，1996 年。

主體——香港城市無關，但在研究方法與思路上為本文提供了獨特視角，尤其是美國城市的發展歷程與香港城市的發展甚為相似，二者的城市發展都是在殖民地體系下發展起來的，其面臨的城市問題存在著諸多相似性，因此，在解決城市問題上無疑具有重要借鑒作用。

第二節　研究設計

一、研究時間、空間的界定以及相關概念的說明

（一）時間、空間的界定

本文所研究的時間界定在 1841～1991 年這一時間段，地域主要是今香港特別行政區（包括香港島、九龍、新界及其離島等區）。時、空等概念的界定，是研究的起點，選定 1841 年這個時間起點是因為 1841 年是英國佔領香港之時，亦是其城市建設初始之時，同時也是外來移民開始大批進入香港的時間，人口是社區形成的關鍵因素，研究香港城市社區必須關注人口的遷移與流動。以 1991 年為時間截點，基於兩方面的考慮：其一，主要是基於人口的原因，大約在 20 世紀 90 年代前後（歷史事件總是如此驚人的巧合，隨後的 1992 年鄧小平南巡，中國內地掀起改革開放的新高潮）香港人口基本達到峰值，其後，人口大致呈穩定或略微下降趨勢，大型社區也在這一時期開始基本成型，城市社區基礎建設基本趨於穩定。其二，1985 年是中英聯合聲明生效的日期，自此之後，香港正式進入回歸前的過渡時期，在該時期內香港政治、經濟及人文環境等都發生微妙變化，一切都在為回歸作準備，政治色彩較強，至 1991 年時，立法局進行直選議員之後，各派別紛紛在地區內成立支部，因此地區的社區工作日趨政治化，這已超越了本文所討論的範疇，故不在本文所探討之列。但由於歷史延續性與傳承性，為論述之完整，有時會超越這一時間段。如在過渡時期，港府在舊區清拆和市區重建方面也制定了不少計劃，本文亦有論及。

（二）相關概念的說明

本文試圖從兩個層面來探討香港城市社區問題。首先，本文將香港城市社區自然形成演變的過程概括為社區發展時期，即把「社區發展」理解為社區景觀、社會組織及社會群體的自然演變過程。其次，政府、非政府組織介

入社區發展過程，即社區建設。

1. 社區、城市社區及城區的概念及內涵

1.1 社　區

社區作為一個客觀存在有一個漫長的過去，但社區概念的提出卻被社會學界認為是「19 世紀社會思想領域最引人矚目的發展」。

費孝通先生曾說「社區這個名詞是我這一代學生時代所新創的。其由來是 1933 年燕京大學社會學的畢業班為了紀念帕克教授來華講學要出一本紀念文集，我記得其中有一篇是帕克自己寫的文章需要翻譯，其中有一句話『Community is not Society』，這把我們卡住了。原來這兩個名詞都翻成『社會』的，如果直譯成「社會不是社會」就不成話了。這樣逼著我們去澄清帕克詞彙裏兩者的不同涵義。依我們當時的理解，社區是具體的，在一個地區上形成的群體，而社會是指這個群體中人與人相互配合的行為關係，所以挖空心思把社字和區字相結合起來成了『社區』。」

《中國大百科全書‧社會學卷》關於社區的解釋是「通常指以一定區域為基礎的社會群體。它至少包括以下特徵：有一定的地理區域，有一定數量的人口，居民之間有共同的意識和利益，並有較密切的交往」。由此看來，社區的概念在進入中國之初就已具有明確的地域範圍了。

社區成為以地域為基礎的人們生活的共同體代名詞以來，就成為人們瞭解社會的重要窗口，是社會發展的有機組成部分。吳文藻先生認為社區是一個地方居民實際生活的地點，而且是可以觀察的地點；費孝通先生則認為只有準確地弄清楚社區的概念才能正確理解社區的研究對象。社區沒有統一的規格和模式，它可大可小，存在著不同的層次和內容。

在過去的一百多年裏，「社區」一直是社會科學中歧義最多、內容最複雜的概念之一。不同的學者根據各自研究的需要從不同的研究角度、不同的側重點來定義社區。雖然國內外學者對社區的概念理解各有側重，對社區的定義也是人人言殊。但是，自從芝加哥學派首次賦予社區地域的屬性以來，對社區地域性的基本認同卻是共同的——無論對社區作出怎樣的解釋，都不能否定社區的地域性特點。將地域社會性作為社區概念的首要條件，同時關照社區注重人性關懷、生活共同體的本源涵義。由此，我們認為，本文所研究的對象——香港城市社區不是一個單純的包括香港島、九龍半島及新界的自然地理區的概念，也不是諸如香港各區街坊福利會、東華三院等社會組織，

以及以各族群為代表的社會群體的概念，而是社會空間和地理空間的結合，
是指彼此間形成生命共同體，而且在地理上又集聚在一起的一群人。

1.2. 城市社區

建築學領域對城市居住區的定義為：一個城市中住房集中，並設有一定
數量及相應規模的公共服務設施和公用設施的地區，是一個在一定地域範圍
內為居民提供居住、遊憩和日常生活服務的社區。本文的研究對象——香港
城市社區，即指這樣一種擁有一套相對完整的生活設施，以及與之相互配合
的生活制度和管理機構；具有一定數量、以一定社會網絡聯繫起來，參與共
同社會生活的人群所組成；位於香港城市中的地域性社會共同體。或者，更
確切地說是一種綜合的城市社會生活場所。香港城市居住社區作為一個研究
單元，應當將其居民日常生活需求、行為動機、空間功能要素、社會要素都
納入社區空間視域內。

本文試圖從歷史地理角度對香港城市社區管理進行研究，通過香港城市
社區形成的背景、歷史演變及特徵的分析，瞭解不同歷史時期的城市社區空
間擴張以及內在的發展動力。希望藉此瞭解香港人在生活方式、價值觀念和
文化取向方面的特點及香港社會管治方面的成功經驗，並進而瞭解香港城市
社區的歷史變遷規律、從而更好的認識香港城市社區發展的規律與方向。

1.3. 城　區

城區，也就是某個城市社會空間、城市區域或城市單元。城區是居民賴
以生活的空間，是各種社會力量展示其能力和影響力的舞臺，又是城市中各
種矛盾互相重疊、彼此滲透的場所，因此城區不是靜止的舞臺，相反是不同
社會現象所佔據的空間的集合。但不同類型的城區單元在適用實體空間變化
上存在差異，城區實體空間要素的變化往往會影響附著其上的社會群體或社
會組織，從而改變城區的面貌，甚至營造出新的城市社會空間。這種改變或
營造過程的動力，來自城市社會內部或外部。開埠以來，香港城區發展的動
力主要是城市化、工業化和民族主義等因素。

城區往往是在城市化進程中，以一些地處中心位置的江河灣角、寺廟村
宅、道路橋樑等地理實體為依託而逐漸形成的。歷史學意義上的城區範疇，
與行政區既有關聯又有區別，城區不同於政區，但政區對城區有深刻影響。
一般而言，城區都有一個中心，一個發展源，並從中心區域蔓延開來。城區
界定的主要依據，第一是功能界定，從城區功能出發，確定城區的範圍和特

點，多用於功能明確的城區，如行政區、工業區、商業區、港口區等。第二是歷史變遷界定，歷史上基本功能發生變化或不變及變化極少的一以貫之的城區，尤其是行政區域。第三是居民的認同界定，居民觀念中的城區範圍和由城區認同確定的範圍，亦是社會學意義上的依據，如約定俗成的居民祭祀圈、信仰圈，因鄉籍而形成的居住區等。它與行政區域有互動，可以作為官方控制對民眾意識影響的考察樣本。第四，城區動態發展過程中邊界會有變化，城區之變化是個動態的過程，不能僵硬地劃一個框框，涇渭分明地去界定城區。所以，有時就會出現這樣的狀況，在一個城區，中心非常明確，但邊界卻是模糊的。

城區史和城市社區史研究都屬於城市史研究的一個分支。城區史是將一個城市劃分為多個有特色的城市空間，並以城區（區域）的歷史為研究對象，從該區域的地理方位、居民身份、職業構成、工商分布、風俗文化等方面精細地對城市歷史進行研究的方法和視角，具體表現在：第一，區分社會空間形成的過程及地域表現；考述行政管理的差異對城市社會空間格局的影響與意義。第二，研究這一城區在該城市發展中的地位與作用，考察城市建設與城市社會空間模式之間的關係；分析政府、團體、資本及當地居民等不同社會集團對城區建設的反應與介入，揭示城市發展中的權力運作模式；綜合分析城市社會空間格局與城市建設之間的關聯，探討城市社會空間結構形成的機制，藉此揭示城市中的人與地域的關係。第三，研究該城區的市民，考述性別、職業、來源地、文化等人口社會屬性差別，描繪市民的生存環境、物質生活與文化意識。社區史與城區史的區別，在於社區史更加注重城區中的人，更加注重城市的人文特質和市民精神。

因此，我們認為，香港城區更多是一個地理空間概念；而其社區則是地理空間與社會空間的結合體。

2. 社區發展

社區作為香港社會的組織形式、群體結構及制度方式隨著經濟社會的發展而不斷發展，至今，已經形成多種不同類型的社區，社區形式亦日趨多樣化。作為社會發展自然歷史過程的社區，包含人們居住同一地域、相互認同、有歸屬感等特性〔註124〕。故本文在對香港社區進行歷史分期時，將其社區的

〔註124〕 丁元竹：《社區的基本理論與方法》，北京師範大學出版社，2009年，第2頁。

自然形成過程概括為社區發展萌芽階段，這裡「社區發展」主要是指社區景觀、社會組織及社會群體的自然演變過程，這有別於後面論述的社區建設或社區工作中過程出現的社區發展〔註125〕。

3. 社區建設

關於社區建設的概念與內涵，丁元竹對此有過論述：社區建設是指政府、非政府組織和企業介入社區發展過程，通過制定有關法律和法規，進行社區建設投資，建立和完善社區組織，動員社會力量參與等來解決社會問題，完善社區體制與機制，提高社區的群體凝聚力，等等，這是社區建設的過程，或者叫社區建設。〔註126〕而香港首次提出的社區建設概念是在 1976 年立法局會議上的施政報告中。該報告中認為現時很多政府部門的工作與社區建設有關，其最終的目的是要令香港變成一個互相關懷、互相盡責的社會。在此目的下，社區建設的任務是提高市民的社會責任感及社區凝聚力，鼓勵市民參與，解決社會問題，提高生活質量〔註127〕；志願服務機構方面更是把提高市民的社會意識及達到社會公義作為社區發展的大目標〔註128〕。本文所指的社區建設的內涵：在前期社區發展，即社區自然形成的過程的基礎上，政府、非盈利組織及企業介入社區發展，參與社區建設的過程。包括社區居民生活質量的提高，社區凝聚力的建設和培養，社區組織和體制的建設與創新，社區問題的解決等。

4. 社區工作

不同的國家和地區，乃至不同的學者對於「社區工作」的定義稍有不同，

〔註125〕「社區發展」一詞最早起源於第二次世界大戰以後由聯合國所倡導的一項世界性運動，目的聯合國家與社區的力量去改善人民生活，重點在於鼓勵居民參與社區及國家建設，鼓吹社區自助與互助精神，運用社區本身的資源來提高生活質量。而在發達國家，社區發展被視為鄰舍或地區的自助工作，藉以培養居民對社區的歸屬感，減低居民對社區的疏離；鼓吹居民參與，加強社區的自我解決能力及社區整合。在香港地區將社區發展等同於社區工作，而具體細分，社區發展及社區組織可納入社區工作的工作模式。參閱甘炳光、莫慶聯：《社區工作的定義與目標》，載蘇景輝：《社區工作：理論與實踐》，臺北：巨流出版社，1990 年，第 7 頁。

〔註126〕丁元竹：《社區的基本理論與方法》，第 2 頁。

〔註127〕參閱 Social Welfare Department, Five Year Planiew-Review-1978, 1980 Chapter 5；《香港地方行政白皮書》第 3 章，1981 年 1 月。

〔註128〕參閱 Hong Kong Council of Social Service, "Community Development Position Paper, 1981", p1.

其中對社區工作最普遍的一種看法是：社區工作是社會工作的三大工作方法之一，其餘兩種方法為個案工作及小組工作。相對於個案工作及小組工作，社區工作是較遲才獲得認可為社會工作的一種介入（intervention）方法。至1962年，美國的社工教育課程委員會正式認可社區工作為社會工作的基本方法之一〔註129〕。實際上，就廣義而言，社區工作還有另外的一些稱法，如社區發展（community development）與社區組織（community organization）都可視為相同的概念，不少學者及文獻對這三個名詞都有相同的描述。很多時候它們都會相互交替使用，例如一些相同的服務計劃會被稱為社區工作計劃或社區發展計劃，亦可名為社區組織計劃。社區工作人員也可相繼稱呼為社區工作人員、社區發展員或社區組織者等〔註130〕。

香港學者對社區工作定義為：以社區為對象的社會工作介入方法。它透過組織區內居民參與集體行動，去釐定社區需要，合力解決社區問題，改善生活環境及素質；在參與過程中，讓居民建立對社區的歸屬感、培養自助、互助及自覺的精神；加強市民的社區參與及影響決策的能力和意識，發揮居民的潛能，培養社區領袖才能，以達致更公平、公益、民主及和諧的社會〔註131〕。由定義可知，香港社區工作有七大目標：其一，促進居民參與解決自己的問題，改善生活質量；其二，改進社區關係，改變權力分配；其三，提升居民的社會意識；其四，發揮人民的潛能；其五，培養互相關懷及社區照顧的美德；其六，加強居民對社區的歸屬感；其七，善用社區資源，滿足社區需要。

除了清楚界定社區工作的定義與目標之外，為深入認識社區工作，必須瞭解社區工作的特點。總的來看，香港社區工作有七大特點：其一，以社區為對象，社區工作的服務對象並不是個人、家庭或小組，而是整個社區；其二，採用結構導向的角度分析問題；其三，介入的層面較廣；其四，強調居民的集體參與；其五，發展「社區」與發展「個人」並重；其六，充分運用社區資源；其七，具有政治性。

〔註129〕 R.A.Skidmore, M.G.Tropman, Social Work in Contemporary Society（New Jersey: Prentice-Hall, 1992），p.182.

〔註130〕 甘炳光、莫慶聯：《社區工作的定義與目標》，載蘇景輝：《社區工作：理論與實踐》，臺北：巨流出版社，1990年，第6頁。

〔註131〕 甘炳光、莫慶聯：《社區工作的定義與目標》，載蘇景輝：《社區工作：理論與實踐》，臺北：巨流出版社，1990年，第13頁。

5. 社區組織

不同國家與地區學者對社區組織亦有不同的定義。如鍾斯（D.Jones）指出，在美國將社區組織定義為：在傳統上是聯繫及統籌不同的地區組織，合力為社區提供服務，以滿足社區的需要。此後，隨著社區組織功能的逐漸擴大，其已經擴大至包括一系列的其他工作，一如英國所指的社區工作。唐明尼莉（L.Dominelli）亦將社區組織解釋為加強各個福利機構的統籌活動，藉以促進社區利益，而「社區發展」則可視為居民獲得自助能力去改善社區生活。由此可知，以上學者對於社區組織的定義雖有所差異，但總的來說，隨著社區組織功能的擴大，他們都可以視為社會工作的工作方法之一。依此而論，廣義而言，本文遂將社區工作、社區發展及社區組織都可視為相同的概念，都被納入社區建設的範疇。如一些相同的服務計劃會被稱為社區工作計劃或社區發展計劃，亦可名為社區組織計劃〔註 132〕。

由以上可知，無論是從社區建設與社區工作的概念、內涵及目的來看，二者都包含了社會工作的元素，作為社會工作的不同工作模式來參與社區建設，其起到的作用幾乎是等同的，只是稱呼不同而已。因此，為避免由於稱呼不同而引起的歧義，以及便於敘述的需要，故將社區工作、社區發展、社區組織等納入社區建設的範疇來論述。

還需要進一步說明的是，本文將社區組織〔註 133〕的內涵延伸至香港各地區的社會組織，如文武廟、東華三院、保良局、華商總會等社團。原因如下，第一，為了城市服務的需要，香港早期社會組織承擔起聯繫及統籌不同的地區組織，合力為社區居民提供所需的各種服務，如慈善福利、教育醫療等。可以說在正式的社區組織建立之前，一些地方社會組織主動承擔起社區組織的功能。第二，都市社區是典型的社團形式。德國社會學家滕尼斯（Tonnies）將人類社區分為兩類，一類為社區（Gemeinschaft），另一類為社團（Gesellschaft）。社區是人們依自然意志結合而成的。自然意志的特徵是：①趨同、相似；②習

〔註 132〕甘炳光、莫慶聯：《社區工作的定義與目標》，載蘇景輝：《社區工作：理論與實踐》，臺北：巨流出版社，1990 年，第 6 頁。

〔註 133〕丁元竹在《社區的基本理論與方法》一文中認為：香港社區發展和社區組織的最早產生是為了都市服務。它的形式是互助委員會——一個基於鄰里的自助群體。由此可知，丁的研究認為香港的社區組織應該肇始於互助委員會。而本文所將社區組織的內涵則進一步延伸至在互助委員會成立之前的香港各社會組織。

慣性，人們服從於習慣；③懷舊心態嚴重。由這種意志所決定的人們之間結合的關係方式是：以血緣為特徵；明顯的地域性特徵，且範圍有限；心理友善。香港早期的華人社會就呈此類特徵。社團則由理性意志結合而成。理性意志的特點是：①細心。②區別。③思考。社團通過協商、立法、公眾輿論三者而形成〔註134〕。因此，我們可以說城市社區是典型的社團形式。滕尼斯所提社區兩分法，與本文試圖從兩個層面來探討香港社區問題有著異曲同工之妙。

　　以上的兩個層次，從時間上來看，是依次出現的，先是聚居在香港的不同種族在香港社會中結成共同體，即社區，後來才能有社區建設，這大約發生在 20 世紀初期的社會經濟變革的進程中。本文是按照這樣的邏輯結構來理解香港社區：通過這樣的一個過程，希望能夠把握香港社會自然歷史過程中的社區，以加深對於香港社會組織結構的認識和理解；能夠把握以社區建設為手段的社區，瞭解近 100 多年來香港政府、非政府機構、社會和企業如何通過社區來解決社會問題，提高社會凝聚力，完善社會的組織和體制的，以加深對於社區建設在社會建設中作用的認識和理解。

6. 景　觀

　　景觀是一個歷史比較悠久、應用比較廣泛的概念，近代以來，景觀概念在地理學中的應用尤為突出。但在很長時間裏，對景觀內涵的表述卻經常不是很清晰，並且不同的地理學家在不同情景下對景觀概念的應用實踐反映出其內涵的差異也是很大的。

　　景觀是指一定地理空間上能夠為人的視覺直接感受到的地表現實。對景觀概念的理解，應主要從以下幾個方面來把握：

　　首先，景觀是能夠觀察和感覺到的事物現象，它包括物質的和非物質的景觀，即包括自然景觀，又包括人工改造過的景觀，還包括人們創造的景觀。

　　其次，景觀是客觀的，作為地理科學研究的對象，景觀是一定區域的地表現實，這種地表現實是客觀的，是不以人的意志為轉移的，這是景觀的本質屬性；同時景觀也具有主觀性，景觀是「地球表面上某一片段及其相應的大空部分給我們喚起的總印象」〔註135〕被我們稱為景觀的地球表面的現實是能夠為人們視覺感覺得到的，如果不是，那麼就沒有必要用「景觀」一詞了，

〔註134〕丁元竹：《社區的基本理論與方法》，北京師範大學出版社，2009 年，第 28 頁。
〔註135〕〔美〕理查德·哈特向：《地理學的性質——當前地理學思想述評》，商務印書館，1996 年版。

但這並不是景觀的本質屬性。

再次，景觀是直觀的，景觀強調的是人的視覺直接感受到的地表現實，這種現實對研究者來說，其基本特徵，如顏色、形象、質地等是不須經特殊分析處理就清晰明瞭的；並且景觀有完整性，所有能夠為人的視覺感受到的區域現實，其中的各組成部分都可以同時為人們所感受，景觀是立足於一定地表的全貌的。

最後，景觀存在於特定的地表空間範圍裏，並體現該地表空間的特徵，反映一定的空間範圍內各地理要素的內在聯繫。

二、研究設計

（一）研究目標

基於對香港城市社區的歷史與現狀分析，以歷史學為主導，結合地理學、社會學、宗教學等學科在內的社區研究，本文試圖從歷史社會地理學的視角，對香港城市社區發展變遷、城市社區的時空分布及差異、城市社區的結構、類型與功能、城市社區文化景觀的時空演變及互動等內容進行研究，以期達到以下目標：

1. 對香港城市社區發展的歷史分期進行分析，揭示香港城市社區發展與城市歷史變遷之間的關係。

2. 城市社區的結構與類型是剖析城市社區的重要基礎。本文根據「自然區」與「社會區」的內涵探討了香港城市社區空間結構分布，在此基礎上，結合國內外對城市社區類型劃分的理論依據，以及影響香港城市社區類型的幾個主要社會因子，對香港城市社區作了簡單的劃分。

3. 本文選取族群分布和職業分布兩個角度來探討香港外來移民社區的空間分布狀況，總結出不同類型社區空間分布特徵及主要差異。

4. 對移居在香港的各移民群體來說，在他們各自形成的社區裏，有著許多以血緣、業緣及文化為紐帶的共同生活，並一起塑造了獨特的社區文化景觀。本文研究香港城市社區文化景觀的時空演變及互動，進一步釐清香港城市社區的發展脈絡。

5. 本文以調景嶺社區為例，詳細分析了香港城市社區的時空演變狀況，以及其社區所承載的功能。

（二）研究意義

研究香港城市社區具有極其重要的理論意義。

社區是社會空間和地理空間的結合，是人們生活的時空坐落和「地域性社會共同體」。社區作為一種最基本的公民社會的組織形式，第二次世界大戰以後，首先是在西方發達國家，繼而在世界各地蓬勃發展起來。居住社區的交往、安全、領域、家園和歸屬等有關概念正日益受到關注與重視。正如美國文化人類學家基辛（R. M. Keesing）所言：「自從有了社區，人類存在於地球上的 99.90％的歷史是以小型社區生活為特點的，而親屬、朋友及鄰里的親密關係又是小型社區社會生活的主體」。安東尼·吉登斯（Anthony Giddens）在其《第三條道路：社會民主主義的復興》一書中，進一步地提出：「社區這一主題是新型政治的根本所在」，「社區建設不僅僅意味著重新找回已經失去的地方團結形式，它還是一種促進街道、城鎮和更大區域的社會和物質復蘇的可行辦法」。他以一位社會理論家、政治家的視角，闡述了社區建設在當今社會發展中的深遠意義。將社區發展置於社會發展目標之中，並且以社區的發展來謀求社會發展，已成為人們的共識。

當前，學術界對社區問題的研究多從政治學、社會學、法學、公共管理等學科角度出發，針對社區發展的現狀、規劃、政策、人口、管理和能力建設的一系列實證調查，或介紹國外社區的發展經驗和研究成果。就目力所見，歷史學界對香港社區目前尚無系統全面的研究，只是有與社區相關的一些內容如人口、交通、城市基礎設施建設、新市鎮建設等散見於香港史專著或論文裏，更沒有從歷史地理角度分析不同地區社區發展時空差異的研究。

城市研究必須被看成是維繫它的社會的反映，不應該把它從歷史、文化和經濟中分離出來。同時，對於城市恰當的瞭解需要運用交叉學科方法。在城市研究中，每種事物都是與其他事物相聯繫的，而且一個專門學科的不足必須通過對其他學科的加強來補充。具體而言，本文在分析香港城市社區中不同族群空間分布、日常生活習慣差異、景觀文化衝突融合、宗教廟宇景觀布局等方面借鑒了社會學芝加哥學派的社會空間分異模式理論、美國學者理查德·哈特向的景觀生態學理論，筆者將其運用於香港城市社區的分析過程，是將西方城市理論進行中國本土化的一次有益嘗試，將對中國國內其他城市的社區研究提供不同的視角或者思考。

對香港城市社區的歷史地理進行研究也具有深遠現實意義。

　　面臨經濟全球化和快速城市化所帶來的劇烈社會變遷，正處於結構轉型期的我國適時提出了建設「和諧社會」的主張。社區是組成社會的基本細胞，和諧社區是構建和諧社會的基石。作為一個重要的社會學範疇，和諧社區是指社區各要素之間的良性互動與協調發展，社區成員各盡所能、各得其所，人與環境、人與人乃至人與自我之間達到協調統一、互動良好的區域共同體。反映出事物在其發展過程中表現出來的協調、完整和合乎規律的存在狀態。而香港在這方面探索的經驗教訓可以為我們加強社會治理提供有益的參考。

（三）研究思路

　　全論文分緒論、五章及結語。

　　緒論是文獻總結和論文目標的確定。筆者就當前學術界的香港史研究成果作出評述，找出現有研究的不足，明確和定義本文的研究對象為近代以來的香港城市社區，論題確定為香港城市社區研究（1841〜1991）

　　第一章：香港城市社區空間的形成、發展與繁榮。本章結合香港城市社區所處的歷史地理環境，主要論及城市的產生、發展和繁榮與城市社區形成與建設之間的關係。以香港城市發展的特點為依據，對香港城市社區的產生與發展進行歷史分期，分析不同歷史發展時期城市社區的內涵、特徵和類型，並進一步揭示城市建設與社區發展的關係。

　　第二章：香港城市社區的時空分布及差異分析。香港作為一個移民城市，其外來移民遷居到香港後，首先要找到棲身之處，然後才開始他們的社會生活。不同類型的外來移民由於語言、文化信仰、生活習俗及當地政治政策等因素的差異，導致其在香港城市社區中的區域分布也存在著較大差異。香港外來移民在香港自主地構成聚居區，分布在整個香港地區的每一個角落，從事各種職業，共同為香港城市社區的發展打下堅實的基礎。

　　香港外來移民形成的社區是華洋分離的，其主要特點有三：第一，香港外來移民社區呈現大分居、小聚居的特點；第二，香港島的維多利亞城是外來移民社區的主要集中地；第三，香港移民形成的社區呈現由南向北拓展的趨勢。

　　第三章：香港城市社區的結構、類型與功能。本章首先分析香港城市社區的組織結構。接著，根據「自然區」與「社會區」的內涵探討了香港城市社區的空間結構分布。並在此基礎上，結合國內外對城市社區類型劃分的理論依據，以及影響香港城市社區類型的幾個主要社會因子，對香港城市社區作

了簡單的劃分。最後，對香港城市社區所承載的功能進行了論述。

第四章：香港城市社區文化景觀的時空演變及互動研究。香港開埠以來，有許多文化景觀，如以教堂、寺廟等為代表的宗教文化景觀；以學校及其他教育機構等為代表的教育文化景觀；以及以商鋪、工廠、商店等為代表的商業文化景觀等，系統地梳理和研究這些文化景觀，解讀香港城市歷史文化特徵，有助於對香港城市社區文化景觀的深刻認識。本章選取香港城市社區文化景觀中的宗教文化景觀、教育文化景觀、商業文化景觀，詮釋不同社區文化景觀的時空演變與互動及其所折射的社會文化的空間特徵。

第五章：香港城市社區的時空演變及景觀特質研究——以調景嶺社區為例。1949 年大陸解放，大批國民黨政府人員湧入香港，起初被安置在摩星嶺。此後，又被港府遷往更為偏僻、荒涼的調景嶺，標誌著調景嶺社區的誕生。流落在調景嶺的難民憑藉著互助精神，以及在各方幫助下，建設出一個極具活力的社區，在宗教、教育及商業等方面形成獨特的風格。本章以調景嶺社區為例，對香港城市社區時空演變及社區文化景觀分布進行研究，以期展現出一幅香港城市社區文化生態的畫卷。

結語：對全文進行概括總結及對香港城市社區的內涵和特徵進行更深入的探討，並對香港社區的未來發展提出一些不成熟的想法，旨在拋磚引玉，希望能為學界對香港城市社區研究的深化做更多的推動。由於有關香港城市社區的資料異常龐雜，並且散落於各種文檔資料當中，雖已盡力搜集，但是仍有許多材料沒能掌握。隨著日後對於材料的進一步完善和分析。筆者將會對本文做更大的改進和修正，祈望能得到各位專家更多指點。

（四）研究對象及學科屬性

作為人類聚落的一種方式，城市是一個社會有機體。「從廣闊的社會生活層面上看，城市就是人類在群居中選擇和發展起來的產物。」在社會學中，這種基於地域的緊密聯繫的社會共同體被稱為「社區」。開創我國「社區研究」領域的著名社會學家費孝通先生曾說過「以全盤社會結構的格式作為研究對象，這對象並不能是概況性的，必須是具體的社區，因為聯繫各個社會制度的是人們的生活，人們的生活有時空的坐落，這就是社區。現代社會學的一個趨勢就是社區研究，也作社區分析。」因此，從這個意義上而言，研究中國近代社會的發展變遷，「城市社區」是一個較好的視角。

本文選取城市社區為主要研究對象，以歷史學為主導，結合地理學、人

類學、社會學等眾多學科，探討香港城市社區的歷史演變與空間分布特點，對社區的類型與構成，各區域社區的空間擴張的分析比較，做出情景描述，並通過對社會資源分布的區域差異分析，揭示社區矛盾與衝突根源，為我國社區建設、社會治理的發展完善做出相應的貢獻。

　　本文所研究的香港社區在學科劃分上屬於歷史人文地理學分支下的社會地理學，屬於歷史地理學與社會學的交叉學科，其內容屬於人文地理學的範疇〔註136〕。

（五）研究方法

　　本研究採用歷史學的史料分析和理論分析法與區域地理學的研究手段。同時，注意借鑒人口學、人類學、社會學、城市學、經濟學的方法；注意個案研究與綜合研究相結合，並注意吸取國內外的重要研究成果。

　　（1）搜集與整理與社區相關歷史文獻：本文全篇充分利用分散於中國史籍中的地理志、外國傳記、各種遊記、雜錄、碑刻、報紙和外文資料（含論著遊記、檔案簡牘）中關於香港城市社區地理的資料，認真研讀、去偽存真、分門別類。

　　（2）田野調查與訪談：有選擇、有重點的到香港城市社區進行自然與社會環境的考察，儘量多地佔有一手資料，對現有的研究成果分類整理。

　　（3）地圖研究法：筆者根據不同族群所形成的社區在香港分布的史料記載，結合香港歷史時期的地圖，利用相關繪圖軟件繪製出各類較為直觀的專題地圖，以展現香港社區的分布及變遷過程。

　　（4）多學科交叉結合研究法：借鑒考古學、政治學、經濟學、人口學、社會學、生態學、人類學、語言學、地名學等相關學科的理論知識、方法手段、研究成果，從多角度多方面對文章進行論證和研究。同時，採用中長時段的比較法、系統分析法，利用大量圖表進行分析，探研香港城市社區人、社會與自然環境的關係。

〔註136〕參見吳宏岐著：《歷史地理學方法論的探索與實踐》，廣州：暨南大學出版社，2010年，第95頁。

第一章　香港城市社區空間的形成、發展與繁榮

第一節　香港城市社區的歷史地理環境

香港城市社區空間發展的歷史分期，社區結構與類型，不同類型社區的空間分布及社區文化景觀的塑造等都帶有強烈的地域性特點，這與香港獨特的人文地理環境密切相關。這其中體現的正是不同類型的社區文化及景觀在香港的本土化過程。

一、香港城市社區發展的地理基礎

（一）獨特的地理區位優勢

香港地處大陸陸地的南端，珠江三角洲的入海口的東岸，與澳門隔海相望於南海之濱，距離華南重鎮──廣州約 83 海里，距離高雄港 342 海里，距離上海 823 海里，距離馬尼拉 633 海里，距離新加坡 1425 海里〔註 1〕。由此可見，香港地處中國南海與太平洋和印度洋的中心地帶，成為中國大陸與東南亞、南亞、中東、西歐以及大洋洲及美洲進行海上聯繫的重要交通樞紐。在世界經濟體系中，香港是太平洋西岸中樞，亦是南北交流、東西彙集的中心〔註 2〕。

〔註 1〕《1948 年香港年鑒》第一回，《土地人口》，香港：華僑日報出版社，1947 年 12 月，第 1 頁。
〔註 2〕陳蘊茜：《港澳概論》，北京：九洲圖書出版社，1999 年 6 月，第 1 頁。

香港所轄包括香港島、九龍、新九龍、新界及其離島等區。在長期的歷史發展過程中，這種獨特的地理區位構造了香港城市社會在空間上既封閉又開放的特點。香港開埠以後，脫離中央王朝的統治，恰可為城市社區在香港的發展創造一個相對自由的空間。另一方面，香港雖遠離祖國大陸，但其面向大洋，深受海洋文化的影響，具有一定的開放性與包容性。這種地理區位還影響到香港的社區文化，使其具有開放性與反叛性。開放性使得香港不同類型的社區文化能夠得以在此融合，而反叛性主要表現在外國人社區文化與華人社區文化進行接觸時伴隨著衝突。

（二）多山地丘陵港灣的地理趨勢

香港整個地域多是屬於山地丘陵型。「島中山嶺崎嶇，平地極少，山勢大致作東西向，高峰竟列，有高出海面一千七百英尺以上者若干」〔註3〕。不僅香港整個是山，便是新界，也很少平原，最高的山是大帽山（3130 英尺），鳳凰山（3065 英尺）；次高的山有大東山（2730 英尺），馬鞍山（2261 英尺）〔註4〕。總之，香港境內 1000 英尺以上的山很多，比較著名的有九龍嶺、針山，柏架山等。至於地質，土壤是風化花崗岩，他種凝積岩、變質的古沉積岩等岩石的殘留物質所成，表層還幼細，越下就包含石塊越多，更下就完全是堅硬基岩。

香港的市街主要集中在域多利城，位於港島的北岸傾斜和填築的地帶，面對九龍。如圖 1-1 所示。

圖 1-1　香港域多利城簡圖〔註5〕

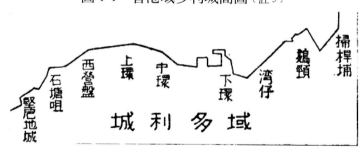

由上圖可知，域多利城建於港島北部地勢較低的近海地帶，「域多利城

〔註3〕 蘇子夏編：《香港地理》下篇，香港：商務印書館，1930 年 2 月，第 29～30 頁。

〔註4〕 《1948 年香港年鑒》第一回，《土地人口》，第 1 頁。

〔註5〕 蘇子夏編：《香港地理》下篇，香港：商務印書館，1930 年 2 月，第 30 頁。

據於香港島北較低山坡,以臨域多利港,東西長約四英里,為全港第一大市區。」香港島北面所有沿港平地大都為填海或開山所成,故西北起拉□灣堅尼地城,東至銅鑼灣掃杆埔之市區道路,如干諾,高士達等道全線及遮打道一帶,皆為市內新填地之主要者。市內除若干瀕港之東西行路線外,其餘平行路線多依山麓或較低山坡開成,因而市區乃成段階狀,其坡度較大之南北街道遂開有梯街不少。市內大商店多在中環之德輔道與皇后大道,銀行與西人所經營商店多在中環一帶。在中環之西的上環亦有不少商店分布。山麓鴨巴甸街皇仁中學為香港設立最早學校之一。西營盤與石塘咀山坡,如般含道一帶有學校甚多,香港大學等高等學校,實乃全港之教育中心〔註6〕。

　　九龍的市街,亦是使丘陵平坦化的,新界有幾條山脈在大陸上展開,北部是沼澤地,可以種水稻。總之,這種地勢成就了香港多優良海灣,但不利於城市建設,市街的發展亦是困難重重。

　　由於海岸曲折,造就香港境內多天然良港,包括香港本島的船仔、筲箕灣、銅鑼灣、淺水灣、馬崗灣、赤柱灣、石澳、大浪灣、銅線灣、大潭灣等;九龍則包括九龍灣、紅磡灣、長沙灣、荔枝角灣等;新界包括清水灣、將軍澳灣、青山灣、瀝源灣、後海灣(深灣)、馬士灣等〔註7〕。此外,香港境內海峽遍布,主要的海峽包括:其一,鯉魚門:在香港島東北角,和九龍半島相接最近的地點,是香港的東門,大洋船多從這裡進出。其二,汲水門:在馬灣島和大嶼山東北角相接的地點,航行廣州澳門和東西兩江的內河船,都經過這裡。其三,南丫海峽:香港島和南丫島之間,有東南丫海峽、南丫島和長洲之間之間,有西南丫海峽。此外,東邊的佛堂門、東南的遠行海峽、香港島西北角的硫磺海峽亦都知名〔註8〕。

　　以上香港獨特的地理趨勢不僅對香港城市的規劃產生重要影響,而且使香港城市移民在空間上的分布亦有所差異。「鴉片戰爭後,島上的人口不斷增加,由於平地不多,居民只好在陡坡上興建房屋」〔註9〕。開埠之初,為保障洋人經濟生活活動不受華人影響,政府已利用城市規劃的方法來劃分華洋各自的活動範圍。如1841年6月14日政府在公開出讓私人發展的土地中,將

〔註6〕蘇子夏編:《香港地理》下篇,第31~32頁。

〔註7〕《1948年香港年鑒》第一回,《土地人口》,香港:華僑日報出版社,1947年12月,第1頁。

〔註8〕《1948年香港年鑒》第一回,《土地人口》,第2頁。

〔註9〕王國華主編:《中國地域文化通覽》(香港卷),中華書局,2013年,第150頁。

上市場〔註10〕及下市場〔註11〕共 268 幅的土地列為華人活動區。

　　而 1843 年 7 月 6 日亞歷山大・哥頓（Surveyor T.Gordon）負責草擬的香港歷史上第一份城市發展建議書——香港城市規劃藍圖，即是看準了黃泥湧谷地廣闊的面積，建議以黃泥湧為城市中心區，中環及金鐘半山開闢為政府山，灣仔摩理臣山（Morrison Hill）至中環一帶修築海堤，以方便政府管治及經濟發展；而政府山至海岸一帶，因地勢平坦，交通便利，修築為商業中心；皇后大道以南則發展為華洋住宅區〔註12〕。

（三）濕熱的亞熱帶氣候

　　香港地處北回歸線以南的低緯度，屬於亞熱帶氣候區。全年日照充足，雨量豐沛，氣候濕熱。但由於靠近海洋，有海風調劑，所以夏天不致太熱，冬天不致太冷，全年溫度，除二月最低外，其他平均都是在 15° 左右。從四月至十一月溫度一般在 21° 至 30° 之間，溫度最高是在七、八、九三個月，一般會達到 35° 以上。

　　因為香港地勢多山地丘陵，且近海受到來自海洋季風的影響，所以相較於廣東沿海各地香港的雨量比較豐沛，「廣州每年平均雨量是六六點八英寸，汕頭是五九點七英寸，而香港卻有八五點二英寸」〔註13〕。從不同月份的降雨量來看，全年降水以四月至九月這六個月為最多，在夏秋兩季，香港上空的空氣濕度有時達 95%以上，幾乎達到飽和點，這也是香港最為悶熱的季節。而從四月到九月這段時間裏香港的雨量，有時可占全年雨量的 80%以上。十月到下年一月，十分乾旱。由此可見，香港可分為較為明顯的乾濕兩季，即春冬乾燥，夏秋潮濕。

　　總體來看，香港地處亞熱帶地區，全年溫度較高，氣候較為濕熱。這對於外來移民來說，要適應香港的氣候則面臨著極大的挑戰。尤其是歐美人，

〔註10〕關於上市場的範圍，不同的學者對其認識有所差異，如王國華主編《中國地域文化通覽》（香港卷）中認為：上市場的地區是指現址鴨巴甸街道以西，荷里活道以北，如九如坊及歌賦街一帶。而據施其樂的研究，其認為上市場主要是指其認為上市場是指太平山、西營盤一帶，即較西地區，主街即今天的摩羅上街及摩羅下街。參見 Chinese Settlement pp.26～32.

〔註11〕下市場的範圍大概在今蘇杭街一帶。參見：丁新豹：《香港早期之華人社會》，香港大學博士學位論文，1989 年，第 177 頁。

〔註12〕王國華主編：《中國地域文化通覽》（香港卷），第 151 頁。

〔註13〕《1948 年香港年鑒》第一回，《土地人口》，香港：華僑日報出版社，1947 年 12 月，第 2 頁。

他們來自四季如春的中溫帶，對香港濕熱的氣候很不適應，於是在選擇聚居點時十分注意。如哥頓將黃泥湧谷地列入城市核心區的建議，因該地地勢低陷，沼澤瘴氣充斥，恐影響健康，以致被港府摒棄〔註14〕。

此外，香港濕熱的氣候對華人社區的建築風格發生改變，原有華人居民建築擁擠潮濕，極易發生瘟疫等疾病，不利於人們身體健康；而西人社會所帶來的西方建築則以開敞、透氣的設計布局廣受歡迎。從而，在香港的城市社區改造運動中，中西融合的建築發揮著先鋒作用。

二、香港城市社區發展的人文條件

（一）文化的多樣性與包容性

香港是一個移民社會。香港的人口主要以華人為主，華人保留著中國傳統文化和生活習慣，但在英國的統治之下，西方的政治模式、教育方式、宗教文化信仰等傳入香港，由是在其長期的歷史發展過程中，成為多元文化的匯聚之地。在香港這塊不大的土地上存在著活力四射的商業文化，崇尚公正的法治文化，兼收並蓄的宗教文化，豐富多彩的民俗文化，自由開放的報業文化，樂善好施的慈善文化，風格獨特的建築文化及百花齊放的族群文化等。

這種文化的多樣性與包容性，是香港自開埠以來能夠吸引大量外來移民不斷湧入的原因之一。外來移民的湧入也帶來了包括天主教與新教在內的西方基督教文化信仰在港的迅速傳播，成為構成外國人社區文化的重要組成部分。而香港城市內出現的外國人社區，如英美人社區、葡萄牙社區、印度人社區、日本人社區等則進一步豐富了香港多姿多彩的社區文化。

隨著西方社區文化的強勢進入，中西社區文化不斷發生碰撞與融合。不同類型的社區文化基於民族價值觀等理念的差異，中西文化之間時有衝突，但融合始終是主流。以中華文化為根基的香港華人社區文化，在近現代進程中，經歷東西文明的交互洗禮，形成中西文化共融的獨特主幹，亦加強了香港文化多元面貌的特徵〔註15〕。正如王國華主編《中國地域文化通覽（香

〔註14〕Historical and Statistical Abstract of the Colony of Hong Kong 1841～1930, Hong Kong Government, Noronha& Co, 1932, p.1.

〔註15〕這種文化多元面貌包括以下幾個方面：其一，經濟方面，香港逐漸成為多國多方資本的匯聚地，並形成以英資為主導、華資壯大、外資進入、中資崛起

港卷）》所言：「總括而言，位於中國最南邊的香港，曾被英國所佔領，出現
了所謂『一個管治地，兩個宗主核心』的特殊狀況，令重視血脈家庭、習慣
集體生活的中國文化、儒家傳統，與信奉基督教，強調個人主義及自由主義
的英國文化傳統，奇蹟似的在這片土地上自由地、不分中外地、不設禁區地
相互衝擊、交流，並誕生一種既包涵了中華文化，又雜糅了西方文化，而充
滿活力的多元文化──其中尤以強調靈活變通、重視積極打拼的現代商業
文化，最得中外肯定。這種獨特的文化，既締造了香港的經濟神話，亦豐富
了中國文化的內涵」〔註16〕。

（二）經濟的繁榮與城市港口的發展

香港憑其優越的地理區位優勢及英國殖民者推行的自由經濟政策，經濟
迅速發展，成為全球的貨物集散中心，商業貿易呈現繁榮局面，更是人力流
動的中樞地區，來自內地的苦力聚集在香港再運往海外等地。同時，隨著港
口貿易的發展需要，亦帶動了香港的金融業和海運業等業的興起，促進了香
港經濟的多元化發展〔註17〕。

英國殖民者為將香港變為其在遠東的橋頭堡，不遺餘力地發展香港經濟。
起初，英國將香港定位為自由港、轉口港、免稅港，以此來吸引商人來此投
資置業。當時有不少著名的洋行在港設立總部和辦事處，如英國人開辦的渣
甸銀行（Jardine, Matheson & Co）、顛地銀行（Dent & Co.）、太平洋行（Gilman
& Co.），美國人開辦的布殊洋行（Bush & Co.）、旗昌洋行（Russel & Co.），
猶太人開辦的沙遜洋行（Sassoon & Co.）和印度人開辦的依巴拉謙洋行

的格局。參見馮邦彥：《香港英資財團 1841～1996》，香港：三聯書店，1996
年；馮邦彥：《香港華資財團 1841～1997》，香港：三聯書店，1997 年。其二，
政治方面，港府在行政管理體系中設立專門諮詢機構，打通港府與民間溝通
的渠道，以「行政吸納政治」，構成獨特的香港式殖民統治模式。參加 King,
C.Ambrose（金耀基）1981, "Administrative Absorption of Politics in Hong Kong:
Emphasis on the Grass Roots Level." Social Life and Development in Hong Kong,
（eds） by King &R.Lee. Hong Kong: Chinese University Press. 其三，社會方
面，香港經歷「功利家庭主義」時期，尤其是在華人社會中更是普遍，華人
受傳統宗法觀念的影響，大都以家庭為中心，關注家庭利益多於社會整體利
益，形成非政治化、經濟等務實特點。參加 Lau, S.K.（劉兆佳）1982, Social
and Politics in Hong Kong. Hong Kong: Chinese University Press.
〔註16〕王國華主編：《中國地域文化通覽》（香港卷），中華書局，2013 年 9 月，第
269～270 頁。
〔註17〕王國華主編：《中國地域文化通覽》（香港卷），第 154 頁。

（A.Edrahim & Co.）等〔註18〕。

　　至 19 世紀 70 年代，華資企業開始崛起，如南北行與金山莊。「南北」起初是指中國大陸的華南與華北兩個地區，因為兩地區的貨物在港進行貿易交割，故在港從事南北貨物貿易的機構被稱為「南北行」。後來隨著香港貿易版圖擴展，「南北」已突破上述地域範疇，已延伸至南洋、美洲，甚至是歐洲等地。香港南北行商人多是潮汕人，其最具代表性是乾泰隆行的陳煥榮和元發行的高滿華〔註19〕。

　　「金山莊」是隨著苦力貿易的興起而應運而生的貿易。「金山莊」本是「辦莊」，由於舊金山是主要的銷售地，所以又稱「金山莊」。辦莊專門為海外華僑代買各種家鄉貨物和匯款，從中賺取傭金，「特別是『淘金熱』的出現，往美國、澳洲的華人增多，更自成小區，他們對中國的商品、食物有一定的需求，故辦莊擔當採購和轉運的角色。其後金山莊更辦理華僑的匯款，並在金山等地設立商號辦理僑匯。另金山莊憑在海外的聯繫，漸漸代辦招募華工出洋的工作」〔註20〕。在港經營金山莊業務主要以廣府人為主，最具代表性當屬禮興號的李升〔註21〕。

　　南北行和金山莊貿易的發展，亦帶動了香港的轉口貿易〔註22〕。1876 年時，全港南北行和金山莊已達 315 間，及至 1881 年時增至 395 間〔註23〕。由此可見，香港的金山莊貿易增長是如此之迅速。與此同時，香港的進出口量增長亦是非常迅速的。如 1854 年時共 443354 噸，至 1871 年時增至 3235701 噸〔註24〕。至 19 世紀末，20 世紀初時，香港對英貿易的依賴逐漸被對華貿易所取代，同時，歐洲、美國的貿易亦漸為重要，這反映香港已步入國際轉

〔註18〕鄭宏泰、黃紹倫著：《香港股史：1841～1997》，香港：三聯書店，2006 年，第 12 頁。

〔註19〕王賡武主編：《香港史新編》（上篇），香港：三聯書店，1997 年，第 285 頁；張曉輝：《香港華商史》香港：明報出版社有限公司，1998 年，第 9～10 頁；David Faure & Lee Pui-Tak, Documentary History of Hong Kong: Economy（Hong Kong: Hong Kong University Press, 2004, pp.51～52.）

〔註20〕王國華主編：《中國地域文化通覽》（香港卷），中華書局，2013 年 9 月，第 155 頁。

〔註21〕張曉輝：《香港華商史》，香港：明報出版社有限公司，1998 年，第 11～12 頁。

〔註22〕王國華主編：《中國地域文化通覽》（香港卷），第 155 頁。

〔註23〕張曉輝：《香港華商史》，香港：明報出版社有限公司，1998 年，第 13 頁。

〔註24〕鄭宏泰、黃紹倫著：《香港股史：1841～1997》，香港：三聯書店，2006 年，第 23 頁；Endacott, A History of Hong Kong, pp.126～127.

口港的地位〔註25〕。

　　經濟的繁榮與城市港口的發展為香港城市社區的建設與發展提供了堅實的物質基礎。其最主要的表現：其一，經濟的發展不僅可以為城市社區的基礎設施建設提供所需的資金與技術，而且對營造社區居民的社區感提供物質保障，正所謂「倉稟實而知禮節，衣食足而知榮辱」正是如此。其二，從移民的角度上看，當遷出地的推力與遷入地的拉力足夠大時就會發生移民。香港經濟的繁榮成為吸引大量外來移民遷入的拉力，正源源不斷地推動著外來移民的不斷湧入，從而又為香港經濟發展平添動力。不同類型的移民的大量湧入，組成了不同類型的社區，亦構成了香港多姿多彩的社區文化。

　　概而言之，城市社區在香港歷史上的時空演變，包括城市社區發展的歷史分期，社區結構與類型，不同類型社區的空間分布及社區文化景觀的塑造等都帶有強烈的地域性特點，這與香港獨特的地理區位優勢、多山地丘陵港灣的地理趨勢、濕熱的亞熱帶氣候，以及文化的多樣性與包容性和經濟的繁榮與城市港口的發展等因素密切相關。以上的因素都為香港城市社區的時空演變提供了營養充足的文化土壤。因此，香港城市社區得以迅速地發展，並呈現繁榮局面，不光是歷史的必然，而且還與香港獨特的歷史地理環境有著深刻的、必然的聯繫。

第二節　香港城市社區空間的形成與發展（1841～1966）

　　中國香港的社區建設肇始於香港開埠，至今已有 100 多年的歷史，它在20 世紀 70 年代得到迅速發展，期間經歷了不同的發展階段。由於「香港社區建設的目的是培養居民的歸屬感、增強居民對社區的責任感，所以香港社區建設強化社會的整合」〔註26〕，而「社區建設通常是由社區組織承擔的」〔註27〕，這一點對於長時間處於殖民地的香港表現的無疑更加明顯。因此，根據香港社會組織與社會環境的歷史變遷的特點，遂以 1966 年六七暴動為界將香港城市社區建設的形成與發展分為兩大階段六個時期。

〔註25〕Endacott, A History of Hong Kong, pp.254.

〔註26〕丁元竹：《社區的基本理論與方法》，北京：北京師範大學出版社，2009 年 4月，第 88～89 頁。

〔註27〕丁元竹：《社區的基本理論與方法》，第 117 頁。

一、香港城市社區建設的萌芽階段（1841～1904）

（一）城市社區初具規模

1. 港島城市社區格局奠定

香港城市社區的發展肇始於開埠以後的香港城市建設，因為開埠前港島境內城市的發展幾乎可以忽略不計，整個港島只有 20 條村落。「開埠前的香港島，只有 20 條村落，半數以上在港島南岸，位於北岸的只有 8 條，即黃泥湧、筲箕灣、裙帶路、紅香爐、西灣、石塘咀、掃桿埔、亞公岩，人口約為 5450 人」〔註 28〕。另據約翰·柯林斯在 1841 年 5 月繪製港島北岸的風景圖看出，當時港島之荒涼，繪畫「除懲膺炮臺外，還畫了中區至灣仔、摩利臣山一帶的風景，畫中所見的港島北岸，除中區至灣仔沿海有疏落的兵營外，並無其他建築，相當荒涼」〔註 29〕，而到了 1846 年時，維多利亞城才初具規模，「西起中環鴨巴甸街，東至銅鑼灣的渣甸倉，已經興建起一幢幢巍峨建築物。灣仔至銅鑼灣沿岸地區建設了春園住宅區，摩利臣山學校及醫院及東角怡和公司的辦公樓和倉庫等」〔註 30〕。香港教區首任會督喬治·史密夫（George Smith）在 1846 年時對香港在短短 5 年時間發展的狀況也有描述：「海港南面陡峭的海岸，出現一個看似歐陸的市鎮。整齊的街道、穩固的房屋，一層層沿著山坡興建……新市鎮中很多建築物非常壯麗，營造工程浩大，甚至要夷平部分山坡」〔註 31〕。

1841 年英國割占香港島以後，立即著手建立殖民統治的機構，制定統治制度，其中，香港的地權制度〔註 32〕和土地批租制度〔註 33〕為香港城市發展

〔註 28〕馮邦彥：《香港地產業百年》，上海：東方出版中心，2007 年 1 月，第 18 頁。

〔註 29〕丁新豹：《歷史畫中的香港歷史》（1816～1846），香港市政局出版，1990 年 10 月，第 78 頁。

〔註 30〕丁新豹：《歷史畫中的香港歷史》（1816～1846），第 78 頁。

〔註 31〕見 The Rev.George Smith, A Narrative of an Exploratory Visit to Each of the Consular Cities of China and to the Islands of Hong Kong and Chusan, in behalf of the Church Missionary Society in the Year: 1844～1845～1846.（London: Secley & Co., 1847）pp.504～505.

〔註 32〕1841 年，英國駐華商務監督兼英國全權代表義律根據中英簽訂《穿鼻草約》將香港島割讓予英國的規定，發表告示，所有香港海路地方一切人民財產，統歸英國管理。從而開啟香港地權制度的轉變。1842 年《南京條約》，正式改變香港原有的私有制的地權制度。詳情參閱馮邦彥：《香港地產業百年》，東方出版中心，2007 年 1 月，第 4 頁。

〔註 33〕根據《南京條約》條款，整個香港的土地歸英國王室所有，被稱為「官地」，香港島原居民的土地業權全部被否定。英國王室不但在法律上擁有香港的

建立了規則及管理模式。「怡和商行、寶順商行等洋商提議把香港建設成為英國一印度一中國三邊貿易的貨物集散地，即自由貿易港」〔註34〕。該提議被英國首相採納，於是這一關乎香港城市建設的戰略思想定位被確立。璞鼎查接替義律後，任命地政官、土地測量官〔註35〕等官員負責公開拍賣港島土地。凡港島土地，「除南部個別地區以外，餘全部土地均被港英當局列為『公地』」〔註36〕。1841年6月14日舉行首次官地拍賣，先推出位於港島北岸上環至今日灣仔道一帶近海的優質地皮50塊〔註37〕，其中，寶順洋行、林賽洋行、單拿洋行及怡和洋行等10幾家英國商行都以較低價格購置港島北部的地產〔註38〕。根據規定，這些中標投得土地之洋行，必須在6個月內在其投得地皮上興建房屋或其他建築物，而且明確規定了建築的費用。怡和洋行取得東角後，立即大興土木，建築起第一批磚石結構的房屋、貨倉，貨倉設在樓下，洋行大班則在樓上辦公。此外，怡和洋行在東角建造了香港一個深水碼頭，以供裝卸貨物之用。東角在怡和的經營下，日漸繁榮，工廠、商店林立〔註39〕。1841年，璞鼎查任命莊士敦（A.R.Johnston）制定港島城市發展規劃。莊士敦把「港島劃分為3個區域，分別是海域區、城區和郊區。海域區是指據海距離200海里範圍內的地區；城區包括中環、黃泥湧、赤柱和石排灣；其餘地區為郊區」〔註40〕。

香港的地權制度和土地批租制度確立之後，港島的城市交通建設逐步展開。大鴉片商人馬地臣（J. Matheson）第一次在島上建成磚石結構的房屋，其

全部土地，而且還以「最終業權人」身份，授權香港殖民當局制定各種土地法規，規定各種土地使用辦法，逐步形成香港現行的土地批租制度。詳情參閱馮邦彥：《香港地產業百年》，東方出版中心，2007年1月，第5頁。

〔註34〕李百浩、鄒涵：《香港城市化初期的城市規劃歷史研究（1841～1904）》，載於《城市規劃學刊》，2011年第3期，總第195期，第113頁。

〔註35〕1842年4月，璞鼎查壓縮香港政府編制，暫時取消這兩個職務。又於1843年設總測量一職，負責規劃香港核心地區——中上環區。

〔註36〕科林斯：《香港行政》，Public Administration in Hong Kong，1952年，第27頁。

〔註37〕龍炳頤：《香港的城市發展和建築》，選自王賡武主編：《香港史新編（上冊）》（增訂版），三聯書店（香港）有限公司，2017年1月，第238頁。

〔註38〕余繩武、劉存寬主編：《十九世紀的香港》，北京：中華書局，1993年，第64頁。

〔註39〕馮邦彥：《香港地產業百年》，上海：東方出版中心，2007年1月，第30頁。

〔註40〕李百浩、鄒涵：《香港城市化初期的城市規劃歷史研究（1841～1904）》，《城市規劃學刊》，2011年第3期總第195期，第113頁。

他洋商紛紛傚仿，建造倉庫和住宅。1842 年，「皇后大道」〔註41〕建成通車，皇后大道以北開闢雪廠街、畢打街、街市街及永勝街等街道，至 1859 年，港府把畢打巷拓寬為大街，進一步改善了皇后大道以北的交通。1841 年～1844 年港府又出售皇后大道南邊的多段細小地段，建立起一排排商店與住宅，與之前聚居在今嘉咸街和卑利街附近的小屋群，成為該時段內港島華人的主要聚居區之一〔註42〕，被稱之為「中環」。再往南一些富商巨賈興建自己的宅邸，坐落在皇后大道之上的山坡，各自由私家小徑直通皇后大道〔註43〕。此後，皇后大道以南至堅道之間的道路交通系統亦開始規劃，兩邊土地相繼售出，興建商行、住宅。「到了 1847 年，堅道以北整個範圍內的土地已售清。及至 1850年，位於新售出地段的房子和商業樓宇全部竣工。沿堅道的住宅用地比較大，專為歐式住宅而設；至於堅道以北的地段，則供興建一排排較小的中式住房」〔註44〕，此時堅道成為中西人社區的分界線。

1843 年，港府為解決中環木屋區華人住宿問題，遂於位於今樓梯街、普仁街、普慶坊和摩羅下街的區域規劃十餘條網格狀的街道，取名為太平山區。太平山區遂成為貧困華人的聚居地。太平山區開闢以後，舊中環區得以清理。僚屋一去，土地騰空，當局開闢卑利街和嘉咸街，沿路兩旁的土地被售出，大都被華商取得。

1851 年上環僚屋區大火，被夷為平地，於是港府對該區重新規劃，修築海旁路（文咸街）的海堤，並規劃新街道，把沿邊土地分割成若干小塊，售予無家可歸的上環居民，1853 年該地完全得以開發，為了獲取更多的發展空間，於 1859 年（今永樂街、高升街）及 1864 年（今新街市街）進行填海工程。此後，隨著香港人口的激增，港英政府多次進行填海，以增地拓道

〔註41〕「皇后大道」沿太平山腳與海岸線平行開闢，於 1842 年建成，乃連接港島東西的第一條交通大動脈，將銅鑼灣東角、灣仔春園與西營盤的英軍軍營連接起來。不僅如此，皇后大道至海岸所形成的新填地，成為貨倉、洋行和各類中西式住宅的聚集之地，成為香港的核心商業區。

〔註42〕1841～1843 年，新湧入香港的華人在裙帶路建立一組較大的小屋群，該區臨海位置遂湧現很多木屋，被稱之為「上環」。詳見夏思義：《細說從頭：砵甸乍街以西的成長》，選自石翠華、高添強主編：《街角·人情——香港砵甸乍街以西》，三聯書店（香港）有限公司，2010 年 2 月，第 158 頁。

〔註43〕夏思義：《細說從頭：砵甸乍街以西的成長》，選自石翠華、高添強主編：《街角·人情——香港砵甸乍街以西》，三聯書店（香港）有限公司，2010 年 2 月，第 159～160 頁。

〔註44〕夏思義：《細說從頭：砵甸乍街以西的成長》，第 161 頁。

建屋。香港城市市政建設、道路樓宇規劃亦逐步得以展開。如 1855 年建成的港督府，位於中區上亞釐畢道，內有波樓、客廳及餐房。北望香江之海道如在目前，足攬香江之勝。1862 年修建的大鐘樓在畢打街口，大鐘樓居中，將街口一分為二。1866 年公眾集錢而建的香港大會堂，堂中有壯麗之戲臺、廳堂、博物院。會堂一所之書樓，所藏貴重奇書，1932 年拆建為滙豐銀行大廈。與博物院相鄰的上海銀行，樓頂圓蓋，柱牆建築皆用石料切成，堅固異常，壯麗為香港之冠。驛務署修建在皇后大道，左為畢打街，右為臬署，樓上為庫務署。巡理府、巡捕房、監獄署三衙門，設於荷里活道〔註 45〕與亞畢諾道之間，形如「品」字形。1868 年修建啟用的香港大酒店，位於畢打街鐘樓附近，乃香港酒店業之巨擘，其深處由皇后大道通至海旁，風景無出其右。此外，在雲咸街修建了德國會館，在些利街修建西洋會館。雲咸街至忌連利街設有德臣中西新聞紙館、孖剌中西新聞紙館、士蔑西報及牛奶房等〔註 46〕。

　　總之，該時期香港城市建設主要集中在上環〔註 47〕、中環〔註 48〕、下環等區，範圍包括太平山北端面向維多利亞港約 6.5km 的地帶，東至東角，西至西營盤。城市構建與海岸線近乎平行，貫穿東西沿海的皇后大道，以及沿大道設置的居住社區、軍事設施、官署、醫院、碼頭、集市等依次展開。如圖 1-2 所示。計有街道三百五十餘條。而論商業之盛，又以皇后大道之中路、西路、東路為最。

〔註45〕 「荷里活道」乃英人在香港修建的第一條道路。開埠初期，港英政府為了溝
　　　　 通港島中部與西營盤兩地的軍營，首先修築了該道路，不僅如此，又修建了
　　　　 從中環半山直下海岸連接荷里活道的雲咸街。

〔註46〕 （清）陳鏸勳撰，莫世祥校注：《香港雜記》（外二種），廣州：暨南大學出版
　　　　 社，1996 年第 1 版，第 74～80 頁。

〔註47〕 由於港英政府實行種族隔離政策，華人主要在上環聚居，即以今日西環為起
　　　　 點，東至砵甸乍街，西至西營盤，成為港島華人聚居區，也是港島人口最密
　　　　 集的社區。社區內道路多為彎曲的石路，住宅多為矮小的騎樓，每屋擠住著
　　　　 多戶人家，且都屬於半商半住性質。

〔註48〕 中環乃是當時香港的政治、經濟中心。港督砵甸乍為了維護洋人在港利益，
　　　　 實行種族隔離政策，將中環劃為洋人專屬區和商業區，禁止華人居住。故
　　　　 中環之域多利皇后街與花園道之間的威靈頓街、雲咸街、雪廠街和畢打街
　　　　 等地區，發展成為洋人居住區和洋行、銀行的集中地，構成香港核心商業
　　　　 區。

圖 1-2　1842 年璞鼎查地圖〔註 49〕

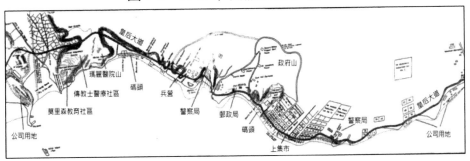

上圖所示當年郵政局位於現今的華人行，炮臺徑及美利道位於美利炮臺附近，海事署在今天的皇后大道中 9 號，對面則是雪廠街的製冰廠。皇后大道中北沿則是外商雲集，只有僅僅兩家華人商行。

1866 年，維多利亞城以皇后大道為中軸心的城市基本結構初步形成，即皇后大道以北的沿海地段主要用於發展商貿，大道以南的山坡地段則發展成為商業住宅區，華人則集中居住在中環街市以南的地段。而中環東側的灣仔春園和銅鑼灣的燈籠洲（又稱東角），則是商店聚集之地。尤其是灣仔春園一帶發展成為洋人的高尚住宅區，而黃泥湧、跑馬地一帶則建起賽馬場，以供華洋上層社會娛樂之用〔註 50〕。

1876 年，香港人口激增到 139000 人，人地矛盾日益尖銳。港府為解決急速增長的土地需求，遂在石塘咀以西地區展開填海工程，開闢新填地，即「堅尼地域」〔註 51〕。此後，銅鑼灣又相繼進行兩次填海，共取得 50 英畝的土地。至 19 世紀末，灣仔一帶已發展成商住區，鵝頸橋一帶，興建了 4 層高的洋房，成為新的住宅區。銅鑼灣在填海後逐漸發展成為一個新的工業及倉儲區〔註 52〕。從此，奠定了香港城區拓展的方向，即以中環為中心向東西兩個方向拓展。

及至 1886 年，西環填海計劃完成之後，維多利亞城「四環九約」〔註 53〕

〔註 49〕哈爾・恩普森編製：《香港地圖繪製史》，香港：香港政府新聞處，1992 年。
〔註 50〕馮邦彥：《香港地產業百年》，上海：東方出版中心，2007 年 1 月，第 21 頁。
〔註 51〕馮邦彥：《香港地產業百年》，第 22 頁。
〔註 52〕《四環九約——博物館歷史圖片精選》，香港市政局出版，1992 年，第 84 頁。
〔註 53〕「環」是指形容港島北岸地區如環環繞的地形，而「約」則表示地段的起訖。四環是指西環、上環、中環和下環。西環從堅尼地地域起至干諾道西止，上環從卑利士道那打素醫院至威靈頓街西，中環從威靈頓街西起至美利操場，下環從灣仔道起至軍器廠街。九約範圍包括第一約從堅尼地域至石塘咀，

格局基本形成。1887 年，英國商人遮打（Catchick Paul Chater）在港督德輔（George William Des Voeux）支持下，提出中區的填海計劃。中區填海計劃從西營盤的屈地街到中環的海軍船塢一線，全長 3 公里，前後歷時 15 年，至 1903 年完成。新填地所興建的海濱道以英國王子干諾公爵之名命名，依此紀念其為該工程勒石。

至 1903 年，港府於政府憲報刊登了維多利亞城的範圍，並樹立了六塊界石，標出城市的範圍（如圖 1-3 所示），這些刻有英文（City Boundary 1903）字樣的界石碑，至今猶存。

圖 1-3　1903 年維多利亞城界限及碑石位置〔註54〕

如上圖所示，維多利亞城雖為城名，但無城牆，主要包括中環、上環及下環等區。其六塊界石碑的具體位置如下：城市西限為域多利道以北海旁的公園內；城市東限為黃泥湧道聖保祿小學對面。其他四塊界限為寶雲道，離司徒拔道交匯點約半公里處；舊山頂道與地利根德徑交界處附近；克頓道，近旭龢道約 400 米；薄扶林道行人道，近 3987 號電燈柱。

2. 九龍半島（南部）城市社區初見成型

1860 年，英國佔據九龍以後，城市建設亦擴展至九龍半島。1864 年港英政府與軍方就九龍半島城市規劃達成協議：「九龍半島西部入口昂船洲、尖沙咀和紅磡設置炮臺 5 處；在半島西部保留 3 塊土地用於修建海軍煤棧、軍糧

第二約從石塘咀至西營盤，第三約是西營盤，第四約是干諾道西東半段，第五約從上環街市至中環街市，第六約從中環街市至軍器廠街，第七約從軍器廠街至灣仔道，第八約從灣仔道至鵝頸橋，第九約從鵝頸橋至銅鑼灣。
〔註54〕馮邦彥：《香港地產業百年》，上海：東方出版中心，2007 年 1 月，第 23 頁。

和軍械庫及軍人營房等；其餘地方則交付港英政府一併管理」〔註55〕。如圖
1-4 所示。

圖 1-4　1861 年九龍規劃圖〔註56〕

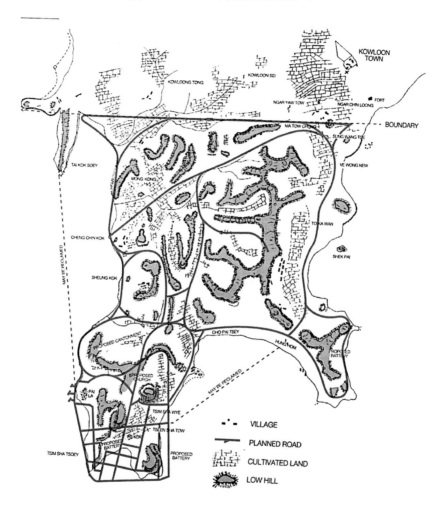

上圖顯示，第一，1861 年時九龍島尖沙咀與紅磡半島有大量的軍營和軍
事設施，以及擬建的軍事設施與訓練營，可見其承載的城市功能基於軍事目
的。第二，基於基本軍事目的，該區在城市建設時非常重視交通規劃，其區

〔註55〕李百浩、鄒涵：《香港城市化初期的城市規劃歷史研究（1841～1904）》，載於
　　　　《城市規劃學刊》，2011 年第 3 期總第 195 期，第 114 頁。
〔註56〕薛鳳旋：《香港發展地圖集》，三聯書店（香港）有限公司，2001 年，第 78 頁。

內道路可謂四通八達。第三，當時半島的旺角、尖沙咀、紅磡等地的平地主要是農田，可見該區尚是農業區。此外，上圖也顯示了大規模填海的設想。及至 1888 年，九龍半島仍然是軍事為主，如圖 1-5 所示：圖中 W 表示軍部用地，N 表示海軍船塢，P 表示佔領角，E 表示銅鑼灣。只有尖沙咀、油麻地〔註57〕和觀塘尚有一些發展。縱觀整個香港，其城市發展仍然集中在港島北岸的維多利亞城。

圖 1-5　1888 年港島北岸與九龍半島南端規劃圖〔註58〕

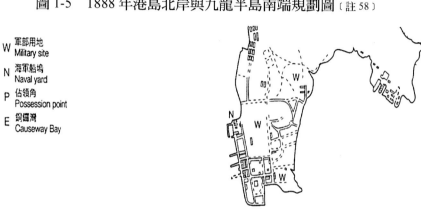

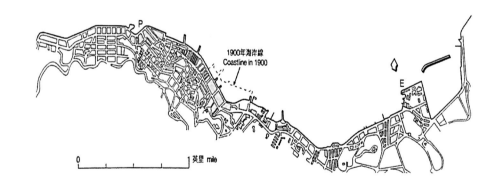

〔註57〕1876 年，油麻地已逐漸發展成為一個新市鎮。油麻地北面岸邊，集結以造船或與船運有關的商貿。油麻地南面而是一個濕塢，很多破舊船隻停泊於內，形成了住宅區並構成了嚴重的衛生問題。在 19 世紀 70 年代中期，其內主要街道已經開始規劃。由北至南，分別是第一街至第八街；由海旁到東邊，分別是海邊、差官街、天后廟街、堅尼地街、寶靈街、園圃街、羅便臣街。不過，商業活動及基本設施則集中在差館街。早年油麻地已經是九龍區人口最多的地方，截至 1897 年，油麻地人口已達 8051 人。詳細參見香港政府檔案處官網 http://www.grs.gov.hk/ws/sc/home.htm。
〔註58〕薛鳳旋：《香港發展地圖集》，三聯書店（香港）有限公司，2001 年，第 79 頁。

　　直到 1900 年時，九龍才有相當大的發展，包括已經規劃的九龍鐵路。1904 年時，九龍大角咀成為了一個以沿海船塢為主體的新區。望角〔註59〕雖仍為農田，但望角咀已有道路及樓房出現。望角咀、油麻地已成為華人商住的混雜區，紅磡則成為船塢和倉庫區。位於尖沙咀一段的彌敦道屬於洋人住區，和華人商住區分隔。九龍城則成為另一個華人商住區。具體如圖 1-6 所示。

圖 1-6　1887～1904 年九龍半島南端規劃圖〔註60〕

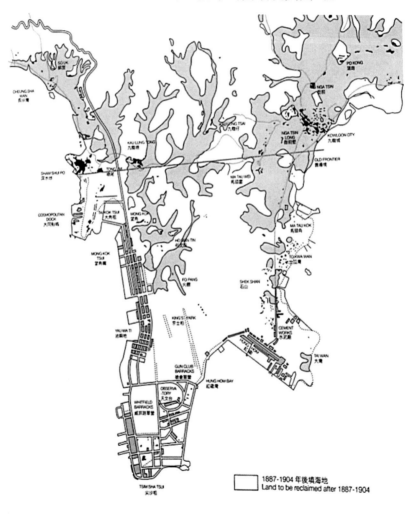

〔註59〕「望角」翻譯自英文 Mong Kok 一詞，其可能是從望崗（Mong Kong）訛傳而來。而旺角則是從望角演化而來。
〔註60〕薛鳳旋：《香港發展地圖集》，三聯書店（香港）有限公司，2001 年，第 80 頁。

　　1898 年，英國佔據新界以後，香港土地面積增加約 11 倍，人口增長
30%，為香港城市經濟社會的發展提供了廣闊的地域空間和人力資源。由此，
香港進入了港島、九龍半島和新界三區一體的全面發展格局。由於割占較晚，
新界的城市開發與建設遠遠滯後於港島與九龍。1899 年開展土地測量與登
記工作，1900 年新界公布《新界田土法庭條例》，將新界土地收歸政府所有，
作為徵收地稅的基礎。該時期新界城市發展的形態主要是以大埔、元朗等舊
墟鎮為主。

　　概言之，從開埠至 1904 年中環填海及全港地籍測量完成的該段時期內，香
港城市建設經歷了維多利亞城的規劃與建設、割占九龍後形成的一港兩城的規
劃與建設，以及租借新界後形成的三區一體的規劃與建設的三個階段。其中，
第一階段從城市定位與選址、土地測量與拍賣、城市道路分區與市政建設等方
面呈現出香港城市構造開始形成，海岸港口城市社區初具雛形。第二階段，隨
著九龍半島沿岸商業的開發與城市內部建設的發展，使其不僅具有拱衛香港的
軍事價值，而且其商業價值得以開發。以此形成了以維多利亞港為中心、兼具
商業與軍事為兩翼的城市發展格局。第三階段，新界的租借為香港城市經濟的
發展提供了廣闊的地域空間和充足的人力資源。由此香港城市建設進入了三區
一體的全港規劃建設時期，其城市社區的發展處於萌芽狀態。

（二）城市社區建設意識的萌芽

　　社區作為人類社會的共同體，是在自然社會的過程中形成的，是人類社
會基於彼此的基本需要，在本質上連接在一起共同參與社區事務，以滿足不
同個體生存和發展的需要，它也是公民社會的形式和表現形態之一〔註61〕。
社區與社會最大的區別就是社區必須具有空間和區位因素。社區的要素包括
區位、人群、組織、共同的意識或歸屬感。

　　如前所述，至 1847 年時，太平山區成為港島華人主要聚居區，該區內商
店、小型商業樓宇、住宅林立。隨著華人社群意識的增強，1847 年，華人社群
領袖提出在位於太平山與上環之間的荷里活道修建了文武廟。文武廟在香港歷
史上具有特殊的地位，其不僅是一個拜神的地方，而且在華人社會中扮演著多
種角色，我們從文武廟值理所承擔的角色可以看出這一點。據德籍教士歐德理

〔註61〕丁元竹：《社區的基本理論與方法》，北京：北京師範大學出版社，2009 年，
　　　　第 26 頁。

描述:「文武廟的值理已升格為半官方的地方議會,它主要是由南北行商組成。這個值理團秘密地控制華人事務,仲裁商務糾紛,安排接待路過香港的中國官員,為捐官事宜進行談判,更作為居港華人與廣東官方之間的非官方媒介。」而且文武廟的側面有一間公所,是專門處理公共事項的場地。公所大門的對聯寫著:「公而忘私入斯門貴無偏袒,所欲與聚到此地切莫糊塗」〔註62〕。由此可見文武廟值理在處理華人事務所承擔的作用。香港是一個移民社會,開埠初期的華人移民將內地原有的社會組織移植過來,成為新移民凝聚社群意識的核心。由於港府對華人內部事務採取不干預的政策,華人之間很多事情都由自己處理,這種政治環境在一定程度上促進了華人社會組織的成立。這些組織層次多樣,包括了商業的行會組織——南北行公所、慈善的醫院與義祠——東華醫院與廣福義祠,又有宗教性質的文武廟,亦有秘密會黨的三合會。

從1842年至1870年間,他們所辦的機構除各種行會外,還有廟宇、義祠、同鄉組織、更練團、街坊會、義學和醫院〔註63〕。至1901年時,華人社會成立的同鄉組織已經成為華人社會最普遍的社會組織之一。同鄉會組織基於地緣,會員包括不同階級的同鄉人士,淡化了不同階級間矛盾,為同鄉會友提供幫助和精神上的支持,包括排難解紛、職業介紹、擔保、金錢接濟、發放帛金、舉辦銀會、互通行情及聯絡感情等。一些規模較大的同鄉組織舉辦施醫贈藥、興辦義學等慈善事務。這些服務對於身在異鄉的遊子來說是難得的精神慰藉,他們所提供的社會服務,填補了移民社會常見的精神空虛,是有助於香港社會穩定的〔註64〕。

華人占香港人口的大部分,而來自大陸不同地區的移民所建立的社會組織亦有所不同。初期的移民將內地原有的社會組織移植到香港來,成為新移民凝聚的核心。而隨著香港社會多元化的發展,這些社會組織已經超越其族群的範疇,肩負起整個華人社區公益和教化的重任。如成立的南北行公所,是一個多鄉籍、多方言的組織,包括廣府人的會員有招雨田、陳雨藩、盧佐臣、馮平山等;潮籍的會員有高滿華、陳春泉等;閩籍的會員有吳理卿、胡鼎三等〔註65〕。也正因如此,使得南北行公所的影響範圍日益擴大。除辦理行

〔註62〕Eitel, E.J., Europe in china, 1983, p282.
〔註63〕冼玉儀:《社會組織與社會轉變》,選自王賡武主編:《香港史新編(上冊)》(增訂版),三聯書店(香港)有限公司,2017年1月,第179頁。
〔註64〕冼玉儀:《社會組織與社會轉變》,第190頁。
〔註65〕冼玉儀:《社會組織與社會轉變》,第178頁。

內事務以外，南北行公所還處理公益，如組織更練巡守街內商鋪，設置消防車，組織居民慶祝孔聖誕等。

與此同時，西人為了增強其社群的凝聚力與向心力，於 1846 年組織成立額香港俱樂部（Hong Kong Club，原稱新公司）。該俱樂部成立目的很明確，「一方面是為離鄉別井來港的英籍公務員、海軍、陸軍官員及商人提供一個聯誼的場合。另一方面是要給外來澳門、廣州和其他商埠的外僑一個休憩的地方」〔註66〕。此後，西人又相繼組織了多種不同的社會組織，如香港打波公司，後稱之為香港木球會（Hong Kong Cricket Club），香港門三板公司，後改稱為艇會（Victoria Regatta Club），帆船會、射擊會及 1884 年成立的香港賽馬會等。

由此可見，無論是南北行公所、東華三院，亦或是西人社會的香港俱樂部及西商會等組織，它們在早期香港華人與西人社會中起到了保持社區穩定、改善社區生活條件和提高社區居民生活質量等方面起到社區建設的作用，這些組織的誕生，標誌著香港早期社區建設的萌芽。

總的來說，香港在 1841～1904 年這一時間段內，其城市發展空間逐漸擴展，由一個南海旁邊的小漁村逐步發展成為兼具重要軍事與商業價值的港口市鎮，並建立其城市發展的制度與機構，城市得以迅速發展，具有近代城市發展的雛形，為後來城市化的快速推進和城市社區的發展奠定了堅實基礎。而與城市發展相適應的各種社區組織的相繼出現，開始承擔起培養居民的歸屬感、增強居民對社區責任感的任務，香港社區建設由此開始。然而，該時期內港府對於香港社區建設採取漠視的態度，對遷移到香港的華人採取不干預的態度。它在香港的主要政策是維持社會安定以確保商業正常的運作。所以，以文武廟、東華三院、保良局等為核心的華人社區組織承擔起早期香港城市社區建設探索的重擔，成為其社區建設的主體。早期香港華人自發組織的社會組織在凝聚華人社區的社群意識起到了重要作用，這與海外華人社區情況較為類似。早期香港華人在英國管治下，自發地按照中國傳統，結成宗親會、同鄉會、同業公會、行會之類具有自助性質的社團，情況與海外華人社區類似〔註67〕。這種早期香港社會的特點，與美國早期移民社會的

〔註66〕冼玉儀：《社會組織與社會轉變》，第 173 頁。

〔註67〕周佳榮、鍾寶賢、黃文江編著：《香港中華總商會百年史》，商務印書館（香港）有限公司，2002 年 7 月，第 5 頁。

特點極其相似，「主要的社會關聯不是血統，而是名目繁多的『社』」〔註68〕。新移民依賴先前來自家鄉的親友的幫助和支持開始新的生活，沒有學校大家建學校，沒有醫院大家一起建醫院，沒有圖書館大家一起建圖書館，沒有教堂大家一起建教堂，沒有消防大家一起建消防組織，這些活動是志願性的和慈善性的〔註69〕。早期香港移民遍布港島，生活艱辛，社會保障缺乏，而政府又鞭長莫及，這促使他們自己聯合起來，相互幫助和開展社區活動。「這種從經驗中生長出的公民參與和個人努力造就了公眾參與公共福利的傳統」〔註70〕。

二、香港城市社區建設的初步發展（1905～1941）

（一）城市整體規劃發展與社區格局的確定

1. 城市整體規劃發展

　　20 世紀上半期是香港城市建設邁入整體規劃發展的時期。隨著鐵路交通線的修建，及大規模的填海運動的開展，使得香港的城市建設進入快速發展時期。20 世紀初期，鑒於香港穩定的政治社會環境，外來人口大批湧入。1900 年時，香港總人口達 26.3 萬，及至 1920 年時劇增至 62.5 萬人，短短 20 年間，人口增長近 1.4 倍。與之相對的是，香港人口對土地的需求缺口很大。據西人描述，「在港島西區，人們居住條件非常的擁擠，隨處可見四五十人居住在一間公寓的現象，這些公寓被木板隔成狹小的格子屋。每一間公寓都堆滿了易燃物品，而且由於衛生和健康條件極差，這裡存在疫病流傳的危險」〔註71〕。除了港島的西區，港島中區也存在過度擁擠的狀況。「該地所有居民有 27135 人，流浪者 1073 人。1931 年，這裡的居民加上流浪者大約是 16000 人，在過去的十年裏，人口增加了 69%，但是該區幾乎沒有建造新的居住場所，更不要說還有一些被拆除和被毀掉的」〔註72〕。

　　為滿足人口增長對土地的需求，港府於 1921 年在灣仔展開大規模的填

〔註68〕《費孝通文集》，第 5 卷，北京：群言出版社，1999 年，第 3 頁。
〔註69〕丁元竹：《社區的基本理論與方法》，北京：北京師範大學出版社，2009 年 4 月，第 10 頁。
〔註70〕丁元竹：《社區的基本理論與方法》，北京：北京師範大學出版社，2009 年 4 月，第 10～11 頁。
〔註71〕S.G.Davis：Hong Kong in its geograPhical setting, London: Collins. 1949，Page94.
〔註72〕S.G.Davis：Hong Kong in its geograPhical setting, London: Collins. 1949，Page94.

海，從金鐘海軍船塢至銅鑼灣渣甸倉以下展開，將海岸線從現在的莊士敦道擴展到告士打道，並將摩利臣山夷平。填海工程於 1931 年完成，新填地面積約 100 英畝〔註73〕。

　　1904 年，新上任的港督彌敦（Sir M.Nathan）將香港城市發展的重點轉移到九龍。一是策劃興建深圳羅湖至九龍尖沙咀的廣九鐵路，全長 22 里，1910 年完工。二是，將油麻地與紅磡海岸之間的小山夷平，把泥土運往東南海岸填海，在新填海區修築了漆咸道、梳士巴利道，並在梳士巴利道尾端興建尖沙咀火車總站（如圖 1-7）。三是，修建羅便臣大道，即今日之彌敦道（如圖 1-8）。為了開發九龍半島，港督彌敦主持在九龍開闢興建了從尖沙咀、過柯士甸道，至界限街的主幹大道。該道的建成通車，大大加快了九龍半島的城區開發。1905～1924 年間，九龍城市發展迅速，農田在減少。半島內主乾道彌敦道及九龍鐵路已經建成。半島沿岸在空間上增添了新填地，特別是在長沙灣、九龍城和紅磡等區域。界限街以及開始規劃建設。深水埗、塘尾及土瓜灣正形成新的市區。

圖 1-7　1930 年尖沙咀火車站〔註74〕

〔註73〕《四環九約——博物館歷史圖片精選》，香港市政局出版，1992 年，第 84 頁。
〔註74〕馮邦彥：《香港地產業百年》，上海：東方出版中心，2007 年 1 月，第 21 頁。

圖 1-8　1908 年羅便臣道（彌敦道）〔註 75〕

　　如下圖（圖 1-9）所示，九龍的城市道路規劃採用了方格網道路規劃。平行於海岸的道路如彌敦道、上海街、新填地街、廣東道等與垂直於海岸的道路如佐敦道、加士居道、公眾四方街、窩打老道等交織著。至此，九龍半島街道主要分布於長沙灣、深水埗、旺角、油麻地、尖沙咀、紅磡、土瓜灣、馬頭角及九龍城等沿海區域內。尤其是在其新填海區和新區，都已經建成為住宅區，發展成為了城市社區。除了南部的軍用地和中部山區用作華人墳場外，整個半島已經成為一個人口密集的城市。20 世紀上半期，九龍的發展速度儼然超越港島。

　　新界的城市開發與建設肇始於深水埗。1906 年港府在深水埗舉行官地拍賣，當時「拍賣的土地便是今日之南昌街附近的地段」〔註 76〕。1910 起深水埗開展填海工程，其中，1919 年進行的填海工程，取得 65 英畝以上的土地，即由東京街至荔枝角一帶。這些地區中，大批新建樓房取代了昔日的僚屋，成為西九龍發展的重要一環〔註 77〕。

〔註 75〕馮邦彥：《香港地產業百年》，第 21 頁。
〔註 76〕馮邦彥：《香港地產業百年》，東方出版中心，2007 年 1 月，第 25 頁。
〔註 77〕王賡武主編：《香港史新編（上）》，三聯書店（香港）有限公司，1997 年，第 229～230 頁。

圖 1-9　1941 年九龍街道圖〔註 78〕

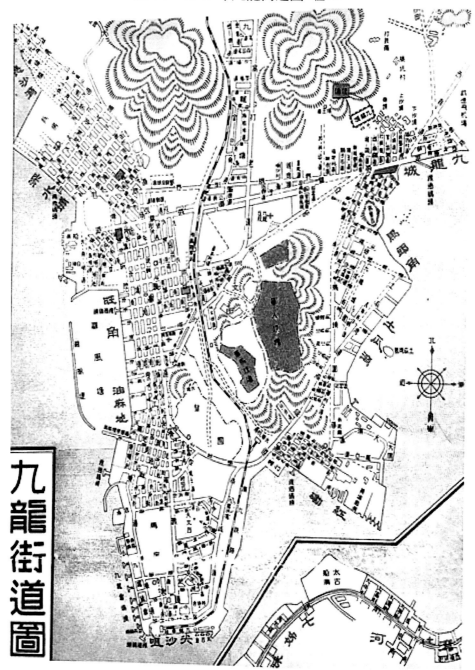

〔註 78〕薛鳳旋：《香港發展地圖集》，三聯書店（香港）有限公司，2001 年 2 月，第
　　　81 頁。

　　從1841年香港制定地權制度和土地批租制度及公開拍賣土地始至1942年香港淪陷的100多年間，由於人口的迅速激增，以及經濟社會的快速發展，導致對土地房屋需求日益擴大，從而推動了香港城市的土地開發和建設。然而從總體來看，由於當時經濟發展水平等因素的制約，香港城市發展在世界城市發展的潮流中仍處於較為滯後狀態。「從當時的房地產業的發展水平來說，尚不如同時期的上海。上海外灘一帶的建築物就比香港中環的要宏偉壯觀得多，就連滙豐銀行上海分行的大廈，亦比滙豐香港總行的要豪華漂亮」〔註79〕。但是，必須說明的是，香港的城市發展是在空白的基礎上仿照英國城市發展的模式進行的，在其城市發展過程中緊跟世界城市發展潮流的，其後發展優勢明顯。而這些則是建立在半封建半殖民地制度基礎上的上海所無法比擬的。

　　由以上可知，20世紀上半期，香港都市的格局基本形成。至此，香港城市大致分成港島維多利亞城、九龍半島之尖沙咀、油麻地、紅磡、深水埗及土瓜灣等區域的商業居住區，以及九龍部分地區與新界的農業耕作區兩大塊。此時，香港城市道路網建設業已全面鋪開，如港島建成貫穿東西的皇后大道，德輔道及干諾道；九龍不僅建成羅便臣大道（後稱彌敦道），而且開闢了廣九鐵路。不僅如此，港島的石塘咀與鵝頸橋一帶，以及九龍的荔枝角一帶等新填地上開闢了新的道路，依此形成了新的商住區。由街道形成了街區，街區逐漸發展成為社區。

2. 社區格局基本形成

　　隨著香港城市建設的發展，我們可以把港島城市分為三個社區，第一個社區，即上環，以太平山為起點，東至鈸甸乍街，西自西營盤，從卑利士道那打素醫院至威靈頓街西的華人社區。這個社區遵循中國傳統社會的生活規律和習慣。社區內道路多為斜路和石頭路，故「轎子」成為普遍的交通工具，社區內華人長袍馬褂和西裝革履混雜其中，儼然成為一道獨特風景。而道路兩旁是一排排具有中國傳統特殊的建築——小唐樓，每層居住著多戶人家，且兼具商業與住宅兩用。華人社區為內城提供源源不斷的生活服務產品。第二個社區，即中環，範圍在域多利皇后街與花園道之間，包括威靈頓街、雲咸街、雪廠街和畢打街，這是一個完整的洋人社區。該區是香港的政治、經濟中心。海旁及沿山建築了不少歐式洋房，不僅是洋人居住區，而且是洋行、

〔註79〕馮邦彥：《香港地產業百年》，第29頁。

貨倉的聚集地，乃為香港核心商業區。第三個社區，即下環的灣仔區，分布於灣仔道與軍器廠街之間，以及銅鑼灣東角和春園一帶華洋雜處混合社區。該區內海濱地區發展成為洋人的高尚住宅區，而黃泥湧、跑馬地等地建起的跑馬地等娛樂設施，為內城的上層社會人士提供娛樂服務。

與此同時，九龍城市社區也有相當大的發展，我們可以把九龍城市分為以下三個社區：尖沙咀的彌敦道分布著眾多的洋人居住區，構成了洋人社區；而九龍城、旺角咀、油麻地等成為華人聚居地，構成華人社區。九龍大角咀與紅磡等新區主要以沿海船塢為主體，則是華洋雜處。

以上劃分的社區，實現了最初香港城市發展的城市功能分區。不同社區的存在，是劃分不同利益階層，實現社區發展的基礎。社區是由權力和管理核心驅動的，它最終會達到一種平衡的關係，社區界定了香港城市的範圍、生活形態、文化以及管理體制。香港正是以早期的這些社區為基礎，推動其城市在不斷的向前發展。嚴格來說，從社區發展的歷史分期來看，該時間段以聚居區的空間本身而言，即形成許多新的鄰里，人們聚集於同一棟大樓或同一個街區裏，人們的「社區感」不強，這種雖有社區之名，但事實上住民彼此之間溝通與聯繫不深入，對於所在的社區環境也缺乏參與，其實只能算是彼此的鄰居，實際上缺乏「社區感」，並不能稱之為真正的社區。

（二）城市社區建設的初步發展

如前所述，隨著香港城市建設快速推進，至 20 世紀初期，香港都市與社區的格局基本形成。這為香港城市社區建設的初步發展奠定了堅實的物質基礎。而與此同時，香港社會發生了巨大的轉變。

以人口為例，香港人口數量急劇膨脹，由 1901 年的 369000 人增長到 1931 年的 840500 人〔註80〕，短短 30 年內人口增長了 1 倍以上。這種爆發式的人口增長，顯然已經超出了人口自然增長的限度，而是由於大規模的移民所致。該時期的人口增長與大陸發生的辛亥革命，以及廣東一帶的政治社會動亂密切相關。該時期內的移民結構與前幾次的移民有很大的不同，本次移民中很多是有資產的，而且是舉家而來。這種移民結構的變化導致香港人口結構也發生重大改變，1931 年市區的男女比例是 1000：727.3〔註81〕，男

〔註80〕《香港人口普查》，1931 年。

〔註81〕冼玉儀：《社會組織與社會轉變》，選自王賡武主編：《香港史新編（上冊）》（增訂版），三聯書店（香港）有限公司，2017 年 1 月，第 198 頁。

女比例開始較以前平衡，這成為香港社會轉變的標誌之一。

其間，香港經濟亦在不斷地發展。在經濟方面，華人經營的商業不斷擴大，更是進入了以前由西人壟斷的行業，如工業製造業、保險、銀行、百貨等。華商從 20 世紀 20 年代開始進入香港工業發展，包括造船、修船、製糖、織造及製衣等。據統計，1931 年時，香港 24% 的人口從事製造業，從事貿易、保險及金融占 21%，而從事作傭工和服務飲食行業的僅占 13%〔註 82〕。可見，至 20 世紀 30 年代時，製造工業在香港經濟中佔有重要地位。而大量從事製造工業的人口，則催生了香港工業社區的誕生。經濟及社會的發展轉變，一方面促使新的各類型社會組織應運而生，而新的社會組織則成為了香港社區建設的新的主體。如 1913 年成立的華商總會。

20 世紀初期，香港各種華人商會和公會相繼成立，主要有：成立於 1903 年的香港華商保險公會、成立於 1904 年的僑港中山商會、成立於 1907 年的報業公社、成立於 1908 年的普益公會、成立於 1909 年的四邑工商總會、成立於 1911 年的米業商會、成立於 1912 年的香港增城商會、東莞商會、順德商務局、鶴山商會、全港雞鴨行工商總會及番禺公所，以及成立於 1913 年的華人審計師公會等〔註 83〕。由於各邑商會與各行商會陸續設立，「若無一總商會以總其成，則究屬渙散；且我華商在香港人數如是之多，商務又如是之大，若無此總商會，則於商務前途殊多窒疑。且香港僑民如是多眾，倘無此總機構，則下情不能憂之」〔註 84〕。於是，華商總會應時而生。華商總會一成立，就積極致力於改善香港華人的營商環境，為維護華商權益而努力，保障各行業權益。如在協助華商調節勞資糾紛、解決行業衝突及與政府溝通等問題上發揮著重要的作用。

如 1915 年，裁縫西家行西福堂與綢緞行爭執加工，彼此齟齬，以致停工數月，港府遂將西福堂工人扣留。工人請求香港華商總會設法援手，於是由葉蘭泉將詳情稟報華民政務司，請先將押留工人釋放，然後向雙方極力調停。其後修訂及增加工資，雙方在華民政務司署簽押，表示滿意，隨即開工〔註 85〕。

〔註 82〕《香港人口普查》，1931 年，第 152 頁。

〔註 83〕周佳榮、鍾寶賢、黃文江編著：《香港中華總商會百年史》，商務印書館（香港）有限公司，2002 年 7 月，第 28 頁。

〔註 84〕葉蘭泉：《葉蘭泉十七年來任華商總會司理之經過》（香港華商總會存稿）。

〔註 85〕周佳榮、鍾寶賢、黃文江編著：《香港中華總商會百年史》，商務印書館（香港）有限公司，2002 年 7 月，第 35 頁。

　　如 1922 年間，米行、酒樓、茶居、帆船、搭棚、鐘錶、染房等多個工會要求加薪，以致釀成工潮，均由香港華商總會出面調停，相繼復工〔註 86〕。

　　又如 1926 年，各大牌販及小販向香港華商總會投訴，謂時常被警察控罰，以致無法謀生，原因是牌照寫明專賣某些貨物，如兼賣其他物品，即被控罰。例如賣粥者擺些蔥在攤面，即指其兼賣菜蔬而遭檢控。華商總會主席李右泉等與警司商量，將此牌照原例更改，免小販屢被控罰，警司准如所請。及後，各小販又到華商總會投訴，說時常被各警察勒索，如不繳款，則必被拘控。更有九名查牌差，名為「九王」，每星期必向各小販勒繳三、五毫或六、七毫。如已繳交，則口授一暗號，該差前往查牌時，報此口號則無問題，否則必遭拘控，以致小販糊口更覺艱苦。據說他們每星期所收勒索款項，不下二千餘元。華商總會查明卻有此事，即報知警司，將「九王」拘控及革退，小販始暫得安寧〔註 87〕。

　　再如 1926 年間，香港電燈公司及九龍電燈公司屢將電燈用戶的電線割去，不供給電力，事先又不申明理由，以致用戶紛紛投訴。香港華商總會去函質問，並將各電燈用戶來函盡交報館披露。其後兩電燈公司態度有改變，並請葉蘭泉親到其寫字樓，要求如有投訴函件，可將原函轉交電燈公司，分別進行辦理，勿再交報館刊登〔註 88〕。

　　而至 1937 年中日戰爭全面爆發以後，香港時局維艱，正如香港華商總會主席郭泉所說：「香港為華南商業中心，貿易夙稱繁盛，本年因第二次歐戰（即第二次世界大戰）所影響，貨品運輸困難，物價高昂，購買力弱，故除最小（少）數商業，因特殊關係頗能獲利外，餘皆平平，無可稱述」〔註 89〕。華商總會為助商民渡過國難，華商總會積極奔走。

　　如 1939 年 10 月，香港華商總會代表本地華商意見，反對香港政府徵收所得稅，結果當局允予暫緩執行〔註 90〕。

　　又如 1941 年 7 月，香港衛生當局擬取締熟食小販營業，以保障公眾衛

〔註 86〕周佳榮、鍾寶賢、黃文江編著：《香港中華總商會百年史》，第 35 頁。
〔註 87〕周佳榮、鍾寶賢、黃文江編著：《香港中華總商會百年史》，第 36 頁。
〔註 88〕周佳榮、鍾寶賢、黃文江編著：《香港中華總商會百年史》，第 37 頁。
〔註 89〕郭泉：《序》，載《香港華商總會年鑒》，香港：香港華商總會，1940 年，第 10 頁。
〔註 90〕《1939 年本會會務匯志》，《香港華商總會年鑒》，香港：香港華商總會，1939 年，第 6～7 頁。

生；這不但對數千熟食小販造成嚴重打擊，並影響中、下市民的飲食問題。香港華商總會斟酌實情，向當局呼籲，條陳利弊；同時又提醒小販，請他們多注意清潔問題。結果政府接納華商總會的建議，各熟食小販得以正常營業〔註91〕。

不僅如此，華商總會為了維持市面治安，未雨綢繆，邀請各會員派代表一人，組織自衛團，作防盜、救護及消防之用。華商總會更與港府合作。共同召集各商號人員組織放空訓練班，藉以灌輸戰時防空知識，避免傷亡加劇；又與香港防空委員會華人代表謝家寶聯繫，擴大當時的防空救護員計劃，由華商總會要求各行邑商會開辦防空聯席會議，編辦防空及救護班〔註92〕。

由此可知，香港華商總會對本地華商提交的事務，無論是行內勞資糾紛、不同行業之間的衝突，抑或是向本港有關部門爭取合理保障和應有權益，都發揮著重要作用，而在香港社區建設方面，亦起到了社會整合的作用。

與前期相比，社會組織的功能擴大。早期華人組織多為以地緣或業緣為紐帶、以堂或行公所名義組成的小團體。其主要的工作在於聯絡感情，並為同業工友操辦紅白二事〔註93〕。20世紀上半期，華人社會組織的功能明顯擴大。香港華商總會成為了代表全體華商與政府進行交涉的機構；同鄉組織也不再侷限於喪葬祭祀、同鄉互助的狹隘範圍，而是投身於社會服務範疇。各同鄉組織以社會化的全新事業維繫、團結同鄉，發揮其社會整合作用。

而在政府方面，對於香港城市社區建設亦開始有所關注。1913年，香港華民政務司署成立，其主要任務是管理及監督有關中國人的事務，包括保護婦女及兒童、勞工轉口、戶口、婚姻及社團登記等。華民政務司作為政府與民間的溝通橋樑，對於政府瞭解中國風俗、文化及習慣起到了一定額作用。但是，華民政務司署的接觸面一般比較窄，只是跟東華三院、保良局、華商總會及地區保衛委員會等組織聯繫，故其作為社區建設的主體作用被大大削弱。

除了基本服務外，政府並不重視基層居民工作。一方面，香港華人受中國傳統文化影響，對政府的權威有懼怕心理，不但不會向政府提出要求，反而盡可能避免與政府接觸。因此在殖民地早期（第二次世界大戰以前），政府與民間保持著一定的距離，不作接觸。雖然兩者之間缺乏溝通，政府的統治

〔註91〕周佳榮、鍾寶賢、黃文江編著：《香港中華總商會百年史》，第52頁。
〔註92〕周佳榮、鍾寶賢、黃文江編著：《香港中華總商會百年史》，第53頁。
〔註93〕魯言等著：《香港掌故》第5集，香港：廣角鏡出版社，1982年，第36頁。

地位很少受到挑戰，而社會發展總體上來看較為穩定〔註94〕。

三、香港城市社區建設的萎縮時期（1942～1945）

1941 年 12 月，香港淪陷。該時段內香港城市發展全面受挫，各處房屋破壞殆盡，人口凋零，由戰前的 160 萬人驟減至 60 萬人〔註95〕。「至日占時期，工商各業，均已停頓，資金凍結，幣制變易，市民生活苦不堪言，加以米珠薪桂，途有餓殍」〔註96〕。香港社團經歷了歷史上最困難的階段，當局取締社團活動與設立〔註97〕，加之香港社會動盪，糧食短缺，工商業幾近停滯，人口銳減，社會團體也隨之消耗殆盡，一些影響力較大的團體雖勉力支撐，其規模與運作與戰前皆不可同日而語。如華商總會亦遭受重創。於香港淪陷時，華商總會不少人逃亡到別處，只餘下少數職員，經費缺乏，但又要應付日本侵略者的需索，其困境較諸完全停頓，困窘尤甚。幸得部分留港值理及會員，慨捐軍票二萬餘元〔註98〕。我們也可以從華商總會會務紀中可知其梗概：

> 在此三年零八個月當中，本會會務停頓，然處於日人勢力之下，本會又不能完全停止工作，蓋日人凡有工商業之查詢，皆強令本會答覆。且命令之來，往往急於星火，其期限之速，常有出乎人情之外者。其時本會值理，多已避地他徙，而辦事處職員，亦已大部分星散，會中經費枯竭堪虞〔註99〕。

由此可知，日占時期，作為華商中實力最強的華商總會的會務都幾乎陷入停頓，其他社會組織更不可能幸免於難。由此產生的直接後果即是香港城市社區建設亦遭受重創，集中體現為承擔社區建設的各類社會組織被取締，致使其社會整合功能的喪失，包括承擔的社區教育、社區醫療等服務。

下面以東華三院為例論述之。

〔註94〕梁祖彬：《社區工作的歷史源流及發展》，載於蘇景輝：《社區工作：理論與實踐》，臺北：巨流出版社，1990 年，第 67 頁。

〔註95〕龍炳頤：《香港的城市發展和建築》，選自王賡武主編：《香港史新編（上冊）》（增訂版），三聯書店（香港）有限公司，2017 年，第 251 頁。

〔註96〕李東海編纂：《香港東華三院一百二十五年史略》，中國文史出版社，1997 年，第 235 頁。

〔註97〕區少軒等編著：《香港華僑團體總覽》，香港：國際新聞社，1947 年，第 2 頁。

〔註98〕周佳榮、鍾寶賢、黃文江編著：《香港中華總商會百年史》，第 56 頁。

〔註99〕《香港商業年鑒》，香港：香港華商總會，1940 年，第 C4 頁。

　　戰前，東華三院已經成為香港規模龐大的社會福利服務機構，承擔著為眾多華人社區居民提供教育與醫療服務。及至淪陷時期，東華三院融入社區的慈善事業遭到極大破壞。東華三院被港府徵用，東華醫院及廣華醫院仍繼續辦理，至於其社區教育則完全停頓〔註100〕。據《1941年董事局會議紀錄》載：「本院所設男女義學，校址多是當鋪，自事變後皆已停辦，貧民難免失學。現欲恢復男校一間、女校一間，將來體察情形，然後再議是否可行，請公決。鍾仲山翁曰：陸續辦理可能不可能？近日貧民謀事維艱，尚有暇時讀書否？且學校均歸文教課管轄，規則頗嚴，舊聘教員未必適用，辦學實非不易。廖恩德翁、陳蔚若翁、聶啟銳翁均謂：義學暫宜停辦，視學員即行裁去。眾無異議，通過」〔註101〕。另據《1941年至1943年度董事局會議紀錄》記載民國三十一年十二月十八號禮拜五第十八次會議事宜列：「黃世河翁提議：本院義學停頓已久，致使貧寒子弟無書可讀，殊覺萬分抱歉。義學原有租收入校址、校具種種皆備，設法恢復，似非甚難。務請主席努力從事，實行續辦。陳蔚若翁、鍾仲山翁均極贊成。馮主席曰：本港先辦兩間，對海暫時從緩。所欠者一筆教員薪水，諒亦易於籌措」〔註102〕。

　　由此可見，在日占時期，東華三院興辦的義學多已停辦，短時間內較難恢復，這亦與香港淪陷之後，經濟蕭條，失業人多，人心惶惶，朝不保夕的社會狀況密切相關。「香港居民稍有能力者，紛紛離去」〔註103〕。不僅如此，東華三院的嘗產樓宇亦遭受嚴重破壞。據記載，在此期間東華三院嘗產遭受破壞者計有：

> 1944年8月，油麻地廟街76號及78號，因被偷拆木料及鐵枝，變成危樓，招商拆卸，舊料價款，擴充經費。同年九月，香港必列啫士街39號嘗鋪六間，亦因危樓不堪居住，招商承拆。同年十月，香港東華里1～6號鋪六間，亦因屋中木料及鐵枝被偷拆，變成危樓，開投拆卸。

〔註100〕李東海編纂：《香港東華三院一百二十五年史略》，中國文史出版社，1997年，第221頁。

〔註101〕《東華三院董事部局一九四二年六月十九日會議紀錄》，選自何沛然編著：《傳與承——慈善服務融入社區》，東華三院，第342頁。

〔註102〕《東華三院董事部局一九四三年二月十九日會議紀錄》，選自何沛然編著：《傳與承——慈善服務融入社區》，東華三院，第345頁。

〔註103〕李東海編纂：《香港東華三院一百二十五年史略》，中國文史出版社，1997年，第221頁。

1945 年 1 月，香港駱克道 196 號、197 號及 200 號三間之上層
因空襲被炸毀。同年二月德輔道中 248 號鋪三樓及四樓被炸毀，後
承租住客利工民號，自願出資修建，並獲得董事局同意，該項修建
費用，准予按月在應繳租項內扣除〔註104〕。

四、香港城市社區建設的恢復發展（1946～1966）

（一）城市建設的復興

1945 年 8 月 30 日，香港光復，城市各種設施破壞殆盡，更有大批難民
亟待救援。「各種建設已是支離破碎，更有大批難民回流，一時間有 16 萬以
上人口流離失所，重建社會的工程已急如燃眉」〔註105〕。同時，英國政府
通過法案，成立殖民地發展及福利事務基金（Colonial Development and
Welfare Funds）以協助各殖民地戰後的復興工作。為此，港府於 1946 年專
門成立一個城市社會發展專責小組，並制訂出香港未來十年的房屋發展規
劃。如 1948 年制訂新界聯和墟的發展計劃，這是一個由政府與私人機構合
作開發城市典型示範〔註106〕。1947 年，聘請英國城市規劃之父，大倫敦整
體規劃師伯德·亞拔高比爵士（Abercrombie, Sir Patrick）作為城市發展顧問。
重視工業發展，他對香港的工業布局及日後城市的發展建設做出了合理的規
劃與指導。他指出：在九龍的東西兩側撥出大片土地以發展工業，包括將旺
角避風塘新填海用地開闢為工業區；將北角與柴灣發展成為重工業區，與紅
磡、馬頭圍並立而成；建議在紅磡灣、醉酒灣及荃灣地區進行大規模填海，以
拓展城市發展所需的空間。除工業布局外，亞拔高比也對九龍城市住宅用地作
了合理規劃，如將九龍中及九龍北坡地發展為住宅用地以解決戰後人口的增
長。此外，在交通設施規劃上也提出，除九龍觀塘支線外，提議新支線由九龍
塘經旺角、避風塘新填地、尖沙咀，以海底隧道方式和中區連接〔註107〕。不
過，亞拔高比提出的規劃方案因人口激增及經濟衰退而耽擱。據王賡武的研

〔註104〕 李東海編纂：《香港東華三院一百二十五年史略》，中國文史出版社，1997 年，
第 221～222 頁。
〔註105〕 王賡武主編：《香港史新編（上冊）》，香港：三聯書店（香港）有限公司，
1997 年，第 233 頁。
〔註106〕 Bristow, Roger, Hong Kong's New Town, 1989, p9.
〔註107〕 薛鳳旋：《香港發展地圖集》，三聯書店（香港）有限公司，2001 年 2 月，
第 114 頁。

究，此次人口激增及經濟衰退與東亞局勢有著密切聯繫。「香港之所以又一次出現人口激增是基於 1949 年中國大陸政權易手，引致大量人口蜂擁到本港。據統計，1950 年全港人口已達 210 萬，一時間令住房、就業、交通、衛生、治安等方面都壓力大增，政府有捉襟見肘之感。1950 年又值韓戰爆發，本港轉口業深受打擊而形成一片不景氣，使政府在市區建設上更為受制」〔註 108〕。儘管亞拔高比制定香港城市規劃因此而耽擱，但是該規劃卻是香港首個面向長遠的城市規劃發展戰略，其對香港城市規劃產生深遠影響。石崧在《香港的城市規劃與發展》一文中認為：「報告指出城市核心區域嚴重缺乏土地以及不斷移入的人口，是香港城市發展的兩大主要困難，提出香港城市發展應走『分散發展』的空間策略以及興建海底隧道、填海的政策建議都對戰後香港的城市規劃產生深遠影響」〔註 109〕。

　　儘管遭遇經濟衰退，香港政府為協助解決住屋問題，於 1948 年成立香港房屋協會。該協會經由香港聖公會何明華會督倡導成立，其經費來自倫敦市長透過「空襲救災基金」向香港福利議會捐出的一萬四千英鎊。香港房屋協會，為協助解決香港中下階層的房屋困境而積極努力。如於 1952 年利用英國殖民地發展基金及本港撥款 1500 萬元，於深水埗完成興建全港首個「出租屋邨」上李屋（如圖 1-10 所示）及「大型屋邨」觀龍樓（如圖 1-11 所示），為低收入家庭提供廉租房屋。

　　當時報紙對此多有報導，如《香港工商晚報》以「上李屋村貧民屋每層月租定七十元，開始接受各界申請」為題報導：「由英國殖民地發展基金，及本港 1500 萬發展基金撥款興建至第一批上李屋村平民屋，將於三個月後完成。主持此項平民屋建設計劃之香港屋宇委會，現已開始接受各界之申請，並將以七十元一層租出。此批平民屋大廈，係位於深水埗普安道與順寧道交界處，希望可於本年八月間入夥，每層有一廳，一廚房，一隔離之廁所及浴室，以及一小露臺，房租大約每層七十元，包括差餉地稅等，但水費則由各層住客按照人數攤派。每層設有專用電錶，電費由住客自理。住客規定不得以柴或炭作燃料，但可用火水爐。房屋分兩種，一種備四名至六名成年人家

〔註 108〕王賡武主編：《香港史新編（上冊）》，香港：三聯書店（香港）有限公司，1997 年，第 234 頁。
〔註 109〕石崧：《香港的城市規劃與發展》，載《亞洲城市》，2002 年第 4 期，第 114 頁。

庭居住，另一種則備四人以下家庭居住。人數之計算，十歲以下兒童，兩名作一人計，十歲以上，則作一人計算。此計算根據公眾衛生條例者。

圖 1-10 「出租屋邨」上李屋〔註110〕

圖 1-11 「大型屋邨」觀龍樓〔註111〕

〔註110〕圖片來源：香港房屋協會 http://www.hkhs.com/hi/info/gallery.asp
〔註111〕圖片來源：香港房屋協會 http://www.hkhs.com/chi/info/gallery.asp

　　新村房屋共二百七十層，如申請人數過擠，當難免有失望者，但該會決極端審慎，採取最公平之方法，盡可能使急需解決住的問題者獲得住所。然而，該會之決定，將為最後之決定。申請人須具備下列條件：第一，申請人在 1952 年以前須在港居住連續五年，戰前在港居住者及本港出生者將獲優先待遇。第二，申請人必須有固定之入息，低入息階級將獲得優先待遇。第三，申請人之家庭，包括基本人在內，必須不少過三人亦不得有七名以上之家屬，傭婦算作家屬。第四，申請人可向香港屋宇委員會屋宇經理（HOUSING MANAGER HONG KONG HOUSING SOCIETY）申請表格，填報清楚，申請表格須聲明其身份登記之號數，申請書可逕寄九龍郵局第三三六七號信箱。該會現已不設於華人行。該會頃已在報上刊登廣告，徵求居民申請租賃。由於租值低廉，相信申請者當以千計」〔註112〕。

　　的確如此，上李屋跟以前的木屋區有很大不同，其環境優美且租價低廉，令人豔羨。正因如此，申請者數以千計。如《香港工商晚報》報導：「深水埗大埔道與青山道之間的三角地帶，從前是木屋林立之區，不知如何，給定名做上李屋村。和任何木屋區一樣，污穢齷齪，使人掩鼻而過。但現在頓然改變，五座矗立的五層大廈，行將完成每日都有許多人在附近徘徊，投以羨慕的眼光，這幾座大廈，就是香港屋宇協會的『平民屋』。（平民屋是記者加上的，以示與普通房屋有別。該會自始至終都未曾用過這個字眼。）記者昨日曾進入這還在進行裝設工程中的大廈設備，比一般人所想像的還好。而每戶所付的租值，只分五十元與七十元兩種，一切雜費全免，無怪去月該會開始接受租住申請時，申請者竟達三千多人了。這些大廈與其稱為房屋，不如稱為公寓較為切實。因為它內部的間隔設備，和從外國電影中所見的公寓一模一樣。這裡且把它的內貌詳為報導如下：每一座大廈建五層，每層從中分為兩半，中間是一條寬闊的走廊，兩邊就是牆間的公寓，一邊五戶，即每層十戶，每座五十戶。每一戶一個獨立門口，每層的進路，設在左邊，每層一度總門。因為每座大廈都是遠遠的隔離，所以，兩邊都是單邊，不愁沒有陽光空氣。每一戶都有六扇潔窗，另有一個長約五六尺，濶四五尺的小露臺，這裡就準備給居住者作晾曬的地方。每戶門口左邊，都有一個牆間的廚房，裏便自來水管，瓷磚的洗盤，和三層的置物架，都一一裝置好。廚房隔離，便是水廁，再出是露臺。另一端間牆的正中，又有一度只及屋中一半高約六尺長的

小牆，將一戶分為兩半。這是準備給居住者陳設兩張床的位置。小牆之前，
有一枝鐵管，準備架設布帳，因為使屋內空氣流通，是不准有『間密』的間隔
的。這樣的設備，較諸普通的公寓，是有過之而無不及。但如果要租賃類此
的公寓而不想項手續的話，每月非要付出三百元以上的租金不可。現在這些
大廈建築工程已經完竣，餘下的只是內部裝設和分飾等工作。據工作人員說：
本月底即可全部完成。香港房屋協會第一期的計劃尚先建二百七十戶，第二
期的計劃尚未見公布。以三千多人來分配二百七十戶，即是每十多人中才有
一個人有希望，被『選中』者也可說是幸運兒了。據說，有許多公務員，從前
是住在房屋統制官徵用的房子的，現在因為政府要把這些徵用已久的房屋交
回業主，這些公務員，也紛紛投函申請。至於，他們是否會有優先租住之權，
卻不得而知。據傳，有幾位警員和便衣探員的申請書，未被接納，理由據說
是他們的機關自有宿舍云云」〔註113〕。此外，香港房屋協會對已經建好的「平
民房」負責招租及管理事宜，其曾經在《香港工商日報》刊登招租廣告，內容
如下：「馬頭圍紅磡平民屋宇鋪位出投。茲有位置在紅磡平民屋宇 C 座地下之
下間鋪位招入投標承租計劃：鋪位四間（面積約為三百九十二英方尺），附有
可供七人住宿之地方（面積約二百四十六英方尺），附有可住三人住宿之地方
（面積約為一百二十二英方尺）。對於各標，香港房屋協會有權取捨，預知其
他詳情，可向本會秘書接洽」〔註114〕。

　　1954 年，港府設置徙置事務處（Resettlement Department）負責木屋區
居民的遷移與安置工作。「輔政司柏立基，在立法局會議中動議：首先通過
『1954 年市政局（徙置事務處長）草案』，表示本港木屋居民今已不能再視
之為暫時在本港居住之難民，而成為本港內部問題之一。柏氏並透露：政府
謀在可能的範圍內實現已定之木屋居民徙置計劃之堅定意向。此案係規定徙
置事務處長成為市政局臨時議員。柏氏強調稱：此項立法程序之需要，實因
過去數月間政府將木屋居民問題重行考慮之結果。此項問題，係戰後香港最
難處理之問題。柏氏向立法局各議員宣布新設徙置事務處長之職責，該處長
將成立一臨時之機關（與其他固定之機關不相統屬者），其唯一任務，乃處理
直接有關木屋居民之徙置事宜，該處長將與市政局採取密切聯繫」〔註115〕。

<hr>

〔註113〕《香港工商晚報》，1952 年 7 月 12 日。
〔註114〕《香港工商日報》，1955 年 8 月 5 日。
〔註115〕《香港工商日報》，1954 年 4 月 15 日。

港府設置徙置事務以後，立即收回九龍深水埗石硤尾火災區約 8.5 英畝土地，另以混凝土建 8 幢公共房屋，稍後又建 21 幢公屋安置災民，這是香港公屋歷史上的第一型公屋（1954～1964）。這次大規模的徙置使政府真正全面介入香港的公共住房事務，稍後又提出廉租屋計劃（The Government Low Cost Housing Programme），並由已經獨立屋宇建設委員會負責處理公屋申請。1964年又推出臨時房屋計劃，以安置未能及時符合資格申請公共屋邨和沒有能力租住私人樓宇的市民。及至 1965 年，公共屋邨住戶人口已達 100 萬，公屋在 60 年代發展最快〔註 116〕。

　　由以上可知，雖然面臨著諸多困難，但香港城市發展在戰後很快便恢復過來，在城市規劃和房屋政策上都取得較快地發展。不過，50 年代的不景氣也沒有持續多久，有一批來自大陸的實業家於此時積極發展製造業，令本港經濟結構成功轉型。這些乘時而興的小型工業正需要大量廉價勞動力，因而使就業問題得以舒緩。當時的長沙灣、觀塘、荃灣等區都遍布工廠大廈，內有紗廠、搪瓷製品廠、油漆廠等工業〔註 117〕。由此一舉奠定了香港工業的發展基礎，而工業區的規劃也成為香港城市社會發展規劃中重要的一環。

（二）社區建設工作的恢復

　　城市建設的復興也帶動了城市社區建設工作的恢復。戰後，隨著大量移民的湧入，政府鼓勵民間力量為移民提供社會服務，以減輕政府的負擔，於是華民政務司屬下的社會福利部成立社區發展組，直接推動成立街坊福利會。

　　街坊福利會是由 19 世紀的街坊會發展而來，是傳統社會組織的再興。街坊會經改良後發展成為新式組織，採取民主選舉、訂立章程規定工作中心等形式，以適應戰後香港社會發展的需要。街坊福利會是華人社區間社會組合的基本形式。它是由同一社區的坊眾、鄰里組成的結構鬆散的地區性初級群體，其職能與同鄉會類似，主要是協調鄰里關係，辦理社會福利事業，例如救濟、施醫、辦學、為貧困無依靠者提供喪葬費用等。大勘村街坊福利會成立於 1954 年，成立以來以互助方式解決村民生活上的問題。多年來，大勘村街坊福利會透過不同方式協助居民改善生活，例如向政府申請水電供應，幫

〔註 116〕王賡武主編：《香港史新編（上冊）》，香港：三聯書店（香港）有限公司，1997 年，第 234～235 頁。

〔註 117〕王賡武主編：《香港史新編（上冊）》，第 234 頁。

助修建行人路和污水渠等，使大勘村居民生活逐步改善。此外，福利會更會定期舉辦聯誼活動，如每年春秋二季的敬老活動，中秋時派月餅盒冬天派寒衣等，為有需要的居民送暖〔註118〕。

由於19世紀的香港政府長期沒有為華人提供社會保障機制，街坊會成為社會保障服務的替代者，它提倡互助精神，聯絡地方民眾，即是服務團體，也是華人晉升社會地位的途徑〔註119〕。而20世紀50年代以後成立街坊福利會亦承擔起為社區居民提供教育、醫療及賑災等服務。街坊福利會是在政府的贊助和鼓勵下發展起來的。當時，香港政府意識到，街坊會除能為本區居民提供福利設施外，更為政府與民眾接觸之一種新媒介〔註120〕。所以，街坊福利會發展很快，至1958年，這些街坊組織已達二十八家之多〔註121〕。較為著名有：如灣仔區街坊福利會、銅鑼灣街坊福利會、中區街坊福利會、西區街坊福利會、北角區街坊福利會、九龍城街坊福利會、西環街坊福利會等〔註122〕。1970年代初，港九兩地共有街坊會60餘間〔註123〕。

街坊福利會的主要職能不僅為社區居民提供多方面的救濟工作或慈善福利，而且還應該包括一些建設性的事業，來改善居民的生活，使他們在體質上、智力上和精神上有所進步。街坊會提供的社會服務在生活艱辛的五、六十年代彌足珍貴，而且有助於戰後香港城市社區建設的恢復。然而，由於政府懼怕街坊組織演變為政治勢力，因此在經濟及政治上，對街坊福利會都有很大限制〔註124〕。

20世紀60年代以後，街坊福利會所承擔的社會保障職能逐漸被一些專

〔註118〕梁廣福：《點滴記憶——再會舊社區》，中華書局（香港）有限公司，2015年4月，第46頁。

〔註119〕Wong, K. Alice: The Kaifong Associations and the Society of Hong Kong, Taipei: The Orient Cultural Service, 1972, page 50～52.

〔註120〕《香港年報 1973》，香港：政府印務局，第5頁。

〔註121〕梁祖彬：《社區工作的歷史源流及發展》，載蘇景輝：《社區工作：理論與實踐》，臺北：巨流出版社，1990年，第67頁。

〔註122〕《華僑日報》，1949年12月2日至31日。

〔註123〕《香港年報 1973》，香港：政府印務局，第5頁。

〔註124〕Joe Leung, "Community Participation: From Kaifong Association, Mutual Aid Committee to District Board", in Joseph Cheng, （ed.）, Hong Kong in the 1980s, 1982, Summerson （HK）Educational Research Centre, pp.152～170; Aline Wong, The Kaifong Association and the Society of Hong Kong, 1972, Oriental Cultural Services.

業社區組織所取代。社會福利部更是從華民政務司署脫離出來，成為一個獨立的部門，並改名為社會福利署，而街坊福利會的聯繫工作仍然由華民政務司署負責，街坊福利會亦開始走向以代表民意為主的政治角色。但在 1966 年的暴動中，街坊福利會未能有效動員居民支持政府，其代表民意的能力亦開始在急劇事務社會變遷中褪色〔註 125〕。

如前所述，港府為改善居民住宿條件，在五十年代推行了公共房屋計劃，至 1960 年時已安置超過了二十五萬人。為了增強這些居民的社區歸屬感，保持社會穩定，政府透過海外資助，在 1960 年建成第一所社區中心〔註 126〕。

社區中心的成立，標誌著香港系統社區建設工作的正式興起。「香港有系統的社區工作，正是以社區中心的發展為開端」〔註 127〕。社區中心承擔起新安置區內的社會保障的重任，包括解決貧困家庭的托兒問題〔註 128〕，組織區內居民的運動比賽〔註 129〕，舉辦安全知識競賽運動〔註 130〕，舉行聖誕遊藝大會〔註 131〕，興辦職業培訓學校〔註 132〕，賑災義演〔註 133〕，舉辦新春徵聯比賽〔註 134〕，舉辦著名攝影家作品展覽活動〔註 135〕，舉辦團體棋

〔註 125〕 梁祖彬：《社區工作的歷史源流及發展》，第 67 頁。
〔註 126〕 據統計，至 2007 年時，香港先後建立起 30 個社區中心，包括竹園社區中心、富亨鄰里社區中心、鳳德社區中心、恒安社區中心、梁顯利油麻地社區中心、顯徑鄰里社區中心、景林鄰里社區中心、觀塘社區中心藍田（東區）社區中心、良景社區中心、樂華社區中心、隆亨社區中心、南昌社區中心、北區社區中心安定／友愛社區中心、雅麗珊社區中心、茜草灣社區中心、秀茂坪（中區）社區中心、順利邨社區中心、海怡社區中心、大坑東社區中心、大埔社區中心、大窩口社區中心、太和鄰里社區中心、天瑞社區中心、天耀社區中心、華貴社區中心、運頭堂鄰里社區中心、西區社區中心、黃大仙社區中心等。參閱：《香港地方街道及大廈名冊》（附設社區設施），地政總署測繪處出版，2007 年，第 198 頁。
〔註 127〕 梁祖彬：《社區工作的歷史源流及發展》，載蘇景輝：《社區工作：理論與實踐》，臺北：巨流出版社，1990 年，第 67 頁。
〔註 128〕 《華僑日報》，1961 年 2 月 24 日。
〔註 129〕 《大公報》，1961 年 10 月 26 日。
〔註 130〕 《華僑日報》，1961 年 11 月 12 日。
〔註 131〕 《華僑日報》，1961 年 12 月 21 日。
〔註 132〕 《香港工商日報》，1962 年 7 月 21 日。
〔註 133〕 《大公報》，1962 年 9 月 23 日。
〔註 134〕 《香港工商日報》，1964 年 1 月 24 日；《香港工商日報》，1964 年 12 月 17 日。
〔註 135〕 《華僑日報》，1964 年 2 月 3 日。

賽活動〔註136〕等等。

由此可見，社區中心的工作以提供文娛康樂活動為主，參加者多為青年人，其工作與青年及小組工作較為類似。雖然有批評者指出，社區中心工作形式單一，居民參與面較為狹窄，工作形式缺乏真正的居民參與〔註137〕，然而不可否認的是，在當時條件下，社區中心的社區工作已然呈現較為專業化的服務特點。社區中心的工作由社會福利署屬下的青年福利部管轄，1967年，該福利部改名為社區及小組工作部。從1966年開始，社會福利署亦在一些較新的徙置區內成立福利大廈〔註138〕。港府設立的社區中心及推行的社區工作服務，對培養居民對社區的歸屬感及互助合作的精神起到了重要作用。

不過，整體來說，政府對於社區工作仍感興趣不大。雖然社區工作已經開始建立，但社會福利署對於社區工作似乎尚未有清楚的定義及發展計劃。社會福利署對社區工作的關注，只是因為聯合國在六十年代於發展中國家大力推廣社區發展的緣故〔註139〕。

第三節　香港城市社區空間的快速發展與繁榮時期（1967～1991）

一、香港城市社區空間的快速拓展時期（1967～1978）

（一）新市鎮建設時期

新市鎮的概念與英國改革家霍華德提出的「花園城市」概念相似，具有如下特點：一是市鎮的大部分土地和房產由公營非牟利機構擁有，其財政來自中央政府的貸款；二是由政府任命的發展機構統一規劃；三是市鎮與母城或大城市保持相當距離；四是一個設施上自給自足及社會均衡的居住與工作單元；五是快速的人口增長；六是住在政府的廉租或經濟房的人口占全市鎮

〔註136〕《香港工商日報》，1964年10月22日。
〔註137〕G.Richs, Urban Community Centres and Community Development: HongKong and Singapore（Hong Kong: Centre of Asian Studies, University of Hong Kong, 1973）.
〔註138〕梁祖彬：《社區工作的歷史源流及發展》，第67頁。
〔註139〕梁祖彬：《社區工作的歷史源流及發展》，第68頁。

一半以上〔註140〕。王賡武亦認為，香港新市鎮的概念與英國霍華德提出的
「花園城市」一脈相承，亦沿用「自給自足」及「均衡發展」兩大原則，規
模上則更為龐大，在遠離市區一個未開發的地區通過完善規劃、制定土地的
各種用途、鋪設交通運輸網，以及不同的居住密度，從而發展出一個新的相
對獨立的市鎮，以快捷的交通與原來的母體城市相連，減輕母體城市的人口
密度及各種發展的壓力〔註141〕。香港新市鎮建設構想起始於 50 年代，啟動
於 60 年代，大規模發展於 70 年代〔註142〕。如早在 1954 年，港府開始籌劃
新市鎮的建設。當時為解決木屋徙置區居民的就業問題與滿足本港廠家的工
業用地需求，港府遂於 1954 年選擇了發展觀塘為新的工業區與商住區，將
其建設成為香港第一個新市鎮〔註143〕。香港的新市鎮以公路幹線和鐵路等
運輸系統為骨架，其核心區則集中了工商業區、政府及社區設施，周圍則是
密集的住宅區，利用較低廉的成本提供更多的居住空間，所騰出的有限空間
開始作為公共休息和環境綠化之用，這是香港新市鎮與其他地區新城發展的
一個顯著不同之處，而且香港新市鎮的人口密度很高，尤其是公共屋邨，其
人口密度高達 2500 人／公頃〔註144〕。由於這種人口的高密度集中和規劃的
雜亂導致早期新市鎮的建設很不成熟。觀塘新市鎮的建設亦是如此，荃灣新
市鎮雖建設有交通道路網、商業中心及其他設施，但這些往往集中在市中心
而已，其他地區多有不便。

　　關於香港的新市鎮建設，很多學者研究多集中在觀塘、荃灣，以及後來
的沙田、屯門等地。其實，早在 1957 年時，港府就有計劃把柴灣發展為新市
鎮，作了充分詳細的規劃與論證，並設計出柴灣發展為新市鎮計劃的簡圖。
（如圖 1-12）。但是這點被學界多有忽視。故本節以柴灣為視角來分析香港新
市鎮的建設與規劃。

〔註140〕薛鳳旋：《英國新市鎮：西方資本主義下政府主導的城鎮化個案》，載《視覺
　　　　——城市畫刊》，2014 年第 5 期，第 128～133 頁。
〔註141〕王賡武主編：《香港史新編（上冊）》，香港：三聯書店（香港）有限公司，
　　　　1997 年，第 235 頁。
〔註142〕胡玉姣：《香港新市鎮的「三代」變遷》，載《開發研究》，2009 年第 1 期，
　　　　總第 140 期，第 53 頁。
〔註143〕Bristow, Roger, Hong Kong's New Town, 1989, p52～54.
〔註144〕王賡武主編：《香港史新編（上冊）》，第 236 頁。

圖 1-12 柴灣建設新市鎮規劃簡圖〔註145〕

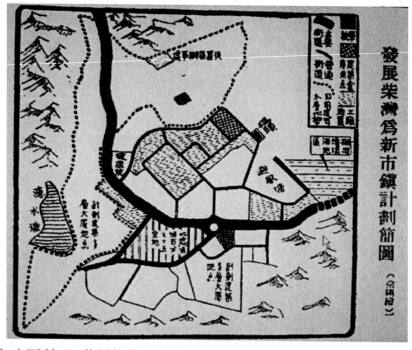

如上圖所示，柴灣的地理形勢是三面環山而北向海的一個小灣，數百年前有五個客籍家族移居此地以務農為生，並逐漸開墾而成為現在為人所知的「崔屋」、「藍屋」、「成屋」、「陸屋」、「西村」及「大坪村」六個農村。約五十年前，柴灣仍是人口稀少，但漁船已開始和小灣的天然條件到來停泊，並居住在船艇上。至 1950 年，大量移民從中國大陸到港定居，並於柴灣山麓及海旁盡搭木屋或石屋居住，但因港島多山而缺乏可供建設的土地。政府於是決定將柴灣發展成為一頗具規模的居住及工業衛星市鎮，自 1959 年，首座新區大廈建成後，柴灣便逐漸成為一個繁榮的新市鎮〔註146〕。據資料記載：「關於發展柴灣為一新市鎮的計劃，早已擬就。在建議中之發展區域，位於香島道及海面之間，北至西灣山，南至科林臣山引水道。城由設計委員會，現已批准柴灣長遠發展之草圖。（如圖 1-13 所示）該草圖將由明日（星期五）起，公開陳列兩個月，供市民省覽。陳列地點，係在政府合署東座工務局政府土地及測量部。城市設計委員會主席頃發表公告，請市民注意城市設計條例（香港法律第一三一章）第六條。凡受該草圖影響之人士，得向該

_____

〔註145〕圖片來源：《華僑日報》，1957 年 8 月 19 日。
〔註146〕《華僑日報》，1976 年 3 月 14 日。

委員會提出書面聲明，申訴其對該草圖之反對意見，並得修正辦法，以消除其反對意見。兩個月省覽期限告滿後，該委員會將考慮所有反對意見，並作適當之修正，然後將草圖呈交港督會同行政局批准。加緊作市區之發展：計劃之目的在於概定如何可以儘量利用土地，有若干地方已備作興建住宅之用，包括徙置用途地方在內。政府及社團撥關所需之地方亦有劃定。該項計劃擬使柴灣加緊作市區之發展，以便使其成為以住宅為首之住宅及工業性郊區。目前柴灣之大部分地區為一平房林立之徙置區。至於所提議之徙置及住宅地方，則須伺該區之建築計劃擬妥之後，方能詳為解決」〔註 147〕。

圖 1-13　柴灣長遠規劃草圖〔註 148〕

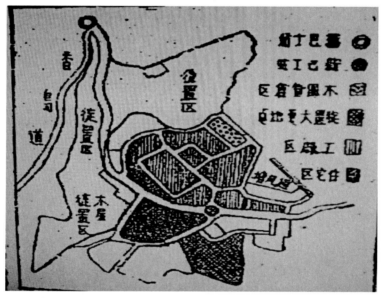

由上圖可知，在柴灣的新市鎮內主要劃分為徙置區、工業區、住宅區、貨倉及公用場所等區域。同時「在香島道與新填地間開闢一條百尺寬大馬路，更於工業區附近開闢多條四十二尺至七十尺寬之支路。待馬路築成之後，現時的柴灣巴士總站，即將遷至新填地區人口稠密的地方」〔註 149〕。

圖中對於工業用地也做出合理規劃，工業用地約十六英畝，全部集中於柴灣海旁新填地上，「工業區之計劃，在於容納小型商號，及供應木園及船廠所需之廣闊地方。現有徙置區之界線，已經稍微修改，填海區附近興建徙

〔註 147〕《華僑日報》，1957 年 8 月 9 日。
〔註 148〕圖片來源：《大公報》1957 年 8 月 10 日。
〔註 149〕《大公報》1957 年 8 月 10 日。

置大廈之地方面積約有 9 英畝，足供 12000 餘人居住初步留作工業用之地，總計超過 16 英畝，並約有 5 畝留作倉庫用途，如再次進行填海，則可有更多土地，以供工業之用」〔註150〕。區內馬路縱橫，車輛交通甚是便利。「區內道路之草圖，將有一寬達百尺之路為幹線，該路將由香島道通至新填地。在該區東端，計劃設一小型巴士總站，而使巴士伸展至新填地，將來更可伸展至皇家空軍車站之西灣。由該百尺寬之幹線，將建有校路兩條，通往計劃中之工業區與住宅區，為適應該兩區將來之需要，亦定有辦法，而使該兩區有充分之交通便利，同時在草圖上預定三個地址，以備建築汽油站。私有土地政府收回：政府發言人今（八）日宣稱：根據發展計劃，區內之私有土地，將有甚多，受到影響。發言人稱：有等私有土地，初期將由政府收回，以備建築道路及其他公共用途。另一方面，非作公眾用途之私有土地，其發展之進度，將大部分關乎私人企業而定」〔註151〕。

　　由此可知，港府有計劃將柴灣發展成為一個以住宅為首，兼具發展工業的新型工業城鎮。為此，港府對柴灣市鎮建設作了合理的規劃，如充分利用現有及新填海之土地開發、合理規劃工業用地、鋪設便利的交通幹線等。不僅如此，港府將設計出的草圖，陳列在工務局，供市民省覽，徵求市民的意見與建議，以便改進。而此後港府對柴灣新發展作了更為詳細的調查研究。如《華僑日報》以「柴灣新發展調查」為題目進行報導：「柴灣將變成一新市鎮，柴灣填海計劃之第一階段工程已完成，現有新填地之土地共約十六英畝，以供工業用途。填海工程將仍繼續進行，在現已建成之避風塘對開處，沿海岸線繼續填築新土地。柴灣現有之新開闢公路，通至下灰口，將繼續填築，以伸迄小柴。柴灣現有之新填地，近有部分，指定作木園及貨倉用，現已有兩間木廠設在該處，其一為恒益木廠；其二為春高木廠。據悉，尚有十餘間木廠及木器製造廠獲撥柴灣場地，但尚未在該處建築廠房。劃定作木廠及貨倉用途之部分新填地，面積約為五英畝。在列定本廠及貨倉地區背後之工業區土地，大部分已經填築完成，只餘一小部分，尚在進行填築中，建築建築商之運載汽車，刻乃不停載運泥頭砂石前往傾倒，該小部分將於短期內填滿，變成土地。現已築成部分，面積約為十五英畝，劃定作工業用途。迄目前為止，政府對於柴灣新填地之處理，尚未仿照觀塘工業區辦法，公開拍賣，只

〔註150〕《大公報》1957 年 8 月 9 日。
〔註151〕《華僑日報》1957 年 8 月 9 日。

採取出租方式，目前向政府承租柴灣場地之廠商，每方尺每月只付地租兩仙，但租約並不規定期限，政府收回各該地段，只須於一個月前通知。租用辦法與其他官地大致相同，只是租金較廉。工業區發展所需之電力及自來水供應，現已具備。香港電燈公司已在柴灣建一電力分站，可以供應電燈及電力。水務局已在柴灣新填地敷設巨型之輸水管，該區之自來水供應問題已獲解決。柴灣新填地之避風塘經已完成，現已可停泊各種小型船隻，政府並擬在避風塘興建一公共碼頭，以便運輸交通。該公共碼頭落成後，該區之工廠貨物運輸，可循水路，不特經濟，且屬便利。繼續填海之工程，將按部就班進行。刻仍□立於柴灣新填地中心之童軍山，將予夷平，挖出之山泥，將用以填海，此一石兩鳥之政策，一方面可使童軍山原址變成平地，另一方面則可用填海方法以開闢新土地。柴灣新填地區，將被利用以安置刻在北角渣華道海旁一帶，以及皇后大道東摩理臣山道山間摩理臣山地盤之租用政府公地之工廠及貨倉。除新填地開闢作工業區外，柴灣將成為一住宅區。目前柴灣之大部分土地區為一平房林立之徙置區。該徙置區現有之平房及木屋，將來須予以拆除，以便在該地區興建多層大樓。此項計劃，雖已擬定，但仍有待於徙置及住宅地方之詳細建築計劃之擬定」〔註152〕。

　　另外，柴灣將新市鎮的發展範圍延伸至小柴灣地區。截止到8月19日，柴灣基礎設施建設已較為完備，水電供應現已具備，避風塘已完成，塢口將建公共碼頭，用於貨物運輸。由此可見，柴灣新市鎮的規劃較為合理。裏面包括住宅區、工業區、商業中心等；社區設施有學校、綠地、服務設施及新市鎮發展的基礎設備如交通、自來水、電力供應等。而政府對於柴灣的管理，與觀塘等新市鎮亦有所不同。如對土地的利用，柴灣的土地，政府只租不賣，租金價位較為低廉。

　　60年代以後，隨著新市鎮建設的興起，香港的城市發展進入一個嶄新階段。昔日的樓宇迅速被拆除，代之以高樓大廈，市區面貌迅速發生變化。同時市區也向西北和東南擴張，建立了荃灣和觀塘兩個新市鎮〔註153〕。70年代以後，香港新市鎮的建設如火如荼，各衛星市鎮各項條件具備，日趨成熟，各項社區設施日臻完善，尤其是柴灣的發展極為迅速。橫跨鯉魚門海峽的高速公路

〔註152〕《華僑日報》，1957年8月19日。
〔註153〕陳朝輝：《香港的土地利用與環境保護》，《熱帶地理》1997年第2期，第149～155頁。

－85－

即將貫通九龍，直達觀塘工業區；重建舊型新邨，滿足不同層次居民的居住需求。據當時報紙報導：「港島柴灣的發展正穩步邁進，成為一個擁有各項社區設施的現代化市鎮。港府現正積極拓展該區，預計在 1986 年左右，整個柴灣將擁有十六萬的人口。目前大部分的柴灣區人口均住在公共房屋邨，以現時柴灣的人口十萬四千人計算，其中占百分之七十九是居住在舊公共屋邨、平房、安置區。但是居住於較早期興建的舊制屋邨的居民生活環境，亟待改善，因此只有重建擠破的舊型公共屋邨，方能解決居民的惡劣居住環境。而重建計劃是需要足夠金錢，努力發展及居民的合作。現今的柴灣擁有政府及社區設施，包括一個私辦的小型社區中心、教堂、診所、消防局、巴士總站、大型社區中心及警署，該區同時為香港的工業區之一，各式大小工廠有三百七十三間，雇傭達一萬名工人，其中以塑膠製品廠、金屬製品廠及機械工廠的發展最為蓬勃。在柴灣未來的發展方面，地下鐵路的長遠計劃是將其通車路線伸展至榮灣，預計在該區將有兩個地下鐵路車站，港府正考慮興建一條大橋橫跨鯉魚門峽的可能性，在鯉魚門軍營附近及北面的鯉魚門灣新填地將作進一步的設計及調查，如果興建該大橋，柴灣與九龍之間，包括鐵路工業區及機場在內，將有一條用途重大的通站。一條計劃中的高速公路，將由鯉魚門對上的山咀向下伸展，然後沿山麓而建，跨越柴灣道而與環翠道連接，另外又計劃興建一條行車隧道，連接柴灣與大潭遊覽區，該項設施，可使柴灣區與淺水灣、深水灣及香港仔之間的距離縮短，交通更為便利」〔註154〕。不僅如此，柴灣區還增加娛樂設施，如當局計劃興建游泳池與公園，該游泳池將與摩士公園泳池相似，建成後供柴灣、筲箕灣及鰂魚涌的居民使用。柴灣區內一些發展規劃還包括：在柴灣進行八期的填海計劃，直至 1981 年 7 月完成；在一些空曠地方興建充足設備以作遊樂之用；興建商用及私家車的多處停車站；在貨物處理灣以北新填地的東北面海堤之旁保留一個永遠作沙倉的地盤；毗鄰沙倉之地設有貨櫃站；在新填地東面岸邊保留一地盤用以建污水處理廠；在毗鄰污水處理廠的地方，將興建一個垃圾混合廠；在興華邨對上的山坡，將會興建醫院〔註155〕。此外，柴灣也預留教育發展用地。各小學目前的標準是每五百人中有一間，根據預期中柴灣的十六萬人口計算，將需要地盤建十四間小學。提供中學的標準現在是

〔註154〕《華僑日報》，1976 年 3 月 14 日。
〔註155〕《華僑日報》，1976 年 3 月 14 日。

四百人口中有課室一間，而十六萬人口將需要中學十六間，柴灣現缺乏中學，只有三間。因此已保留十三個地盤作興建新中學之用〔註156〕。香港屋宇委員會對柴灣的發展也作了詳細的計劃。如「興建柴灣第六區，重建柴灣西村。柴灣第六區的新屋村，將可容一萬五千四百居民，第一期樓住五千二百人，在1977年1月竣工，第二期可容一萬二百人，在1978年3月完成。重建柴灣西村，可容二萬人，首期重建工程在1978年至1979年完工。柴灣約九十畝地可建住宅樓，其中約百分之八十保留建公共房屋」〔註157〕。

　　港府除了致力於興建公屋以外，也制定了一些房屋政策來保護中下級居住的利益。如1977年港府委託房屋委員會推行「居者有其屋計劃」，為有志置業的居民提供廉價的房屋。如第一期在屯門推出六個屋苑，深受居民歡迎。港府遂請私人發展商參與設計及興建房屋，計劃包括三個地方，如屯門的置樂花園等。連同觀塘的油塘中心，1979年11月政府共推出了1500個單位，吸引了57000多份申請書，超額認購38倍，可謂盛況空前〔註158〕。1983年，港府推出「中等入息家庭房屋計劃」，藉此幫助收入較高（每月收入不超過13000元）的家庭自置物業。第一批擬定發售的有共2240個單位，包括屯門美樂花園、柴灣康翠臺與樂翠臺。但是當時發售時，受制於整個房地產市場的低迷，市民對首批發售的美樂花園反應冷淡。最終部分未能出售的單位被改成政府宿舍或售予原來不合資格的家庭〔註159〕。

　　概而言之，香港在20世紀50至70年代期間，城市化的發展相當迅速，城市面貌日新月異。這期間新市鎮的發展與城市建設相互配合，共同促進香港的城市化。而新市鎮所帶來的均衡發展理念，包括在市鎮內提供各種行業的就業機會，以滿足不同階層的居民的需要，以及在房屋方面、公共房屋與私人屋宇、自置物業與租用物業、高密度與低密度區域等各項都有均衡的比例。這在一定程度上緩和了因城市社會迅速膨脹而導致的矛盾，促進了城市社會的發展。但是香港在建設新市鎮時促進了公共屋邨的發展，以致新市鎮約三分之二的人口都是公屋居民，屬於低收入家庭。雖說在沙田和荃灣兩個

〔註156〕《華僑日報》，1976年3月14日。
〔註157〕《華僑日報》，1976年3月14日。
〔註158〕鄒滿海：《為渴望置業者圓夢》，載香港房屋委員會：《公屋與我——香港公屋四十五年》，香港：香港房屋委員會，1999年，第35頁。
〔註159〕鄒滿海：《為渴望置業者圓夢》，第35頁。

新市鎮也建造了中等及以上標準的房屋，但總體來看，這些新市鎮基本上都是社會經濟地位低下的勞工階層家庭聚居之地〔註160〕。這種社會階層的差異使新市鎮一直無法吸引高級的商業活動，工商業類型也不全面，故只能作為市中心經濟活動及住宅的補充，無法達到「自給自足」的新市鎮原設計理念。〔註161〕鑒於此，港府鼓勵私人發展商參與到港九市區的重建過程中，如70年代在港九市區的北角、鰂魚湧、薄扶林、九龍灣、紅磡及九龍城重建發展成大型住宅區；其中一些實力雄厚的私人發展商所建造的包括樓宇及各種康樂設施的私人屋邨，這些屋邨主要針對中等收入居民的需要，如1970年代初興建的美孚新邨、1975年動工的太古城，都成為私人住宅一種新的發展模式，而這種在同一地方綜合規劃的發展方式，因為能照顧居民起居上的各種需要而大受歡迎，至今仍是方興未艾，進而推至新界新市鎮〔註162〕。

（二）社會危機激起社區工作的快速發展

1. 新市鎮內社區工作的建立

　　雖然香港新市鎮建設進一步拓展了城市社會發展的空間，但是也帶來了一系列的社會問題。對於遷入新市鎮的居民來說，經濟生產和社會活動上都發生了重大的改變。如屯門新市鎮的農民與漁民不得不放棄原有職業，由於教育程度低以及沒有一技之長，他們大部分只能從事苦力、搬運等工作，因此不但工作時間增加而收入相對以前可能較少，而且因生活習慣及居住環境改變，租金及日常支出增大，所以家庭經濟產生困難，入不敷支的情況也增加。在社會活動方面，因為被遷徙入住公共屋邨，從前平面性緊密的鄰里關係隨之瓦解〔註163〕。而對於新遷入居民來說，面臨的問題則更突出。鑒於此，在新市鎮開展大規模的社區建立計劃便順應被推出。香港社區建立亦是隨著新市鎮一起發展起來。民政署對社區的基本原則是「社區建立」。所謂社區建立就是通過一些活動和建設，鼓勵一個地區的居民對其切身問題和需要加深認識，並通力合作，促進該地區的福利事業。社區建立政策，最終的

〔註160〕 方國榮、陳跡：《昨日的家園》，香港：三聯書店（香港）有限公司，1992年，第24頁。

〔註161〕 王賡武主編：《香港史新編（上冊）》，第240～241頁。

〔註162〕 王賡武主編：《香港史新編（上冊）》，香港：三聯書店（香港）有限公司，1997年，第241頁。

〔註163〕 林子邱、婉英供稿：《屯門新市鎮與社區發展工作》，載《社區發展資料彙編1979及1980》，香港：香港社會服務聯會，1980年9月，第25頁。

目的是加強市民對香港的歸屬感，甚至可以說是建立一種地區性的「鄉土主義」。根據社區建立的原則，政府新措施的核心除了民政署外，還有社區中心及服務處。中心設有日間托兒所、圖書館、各組年齡的友誼會社、公用會堂，以及各種職業訓練班。這些中心後來又推廣到人口日漸增長的新區，為他們服務〔註 164〕。以此觀之，我們可以發現，社區中心這些服務設施在新市鎮中都有出現，而社區服務中心則被指定建立在徙置區及新市鎮。社會福利署副署長李惠妍在講到「社區服務中心」時指出：「本港三百二十五萬人口中，分屬於社會各階層，但其中有許多人在社會上沒有足夠的謀生能力及社會關係，因為他們在此地無真實的基礎，他們大多數是於過去十年間進入本港，對香港情況不大熟識，常不關心他們居住的地方，雖然香港已是他們的家。現讓我們分析本港社會的成員，由十五歲至二十一歲的青年，他們大多數居住的環境是非常齷齪，沒有地方讓他們活動，於工餘之暇很少機會作輕鬆消遣，以抵消生活的壓力。有些生意興隆的行業，如專門技術人員，他們得到相當富裕的酬勞，在其他國家，常有正當的途徑去處理。這是我們要幫助他們，及瞭解他們的需求及工作目的，使他們向正規事務途徑去發展。香港問題及其需求，通過世界難民年，有許多海外捐款，特別是指定用於徙置區及新市鎮建立社會服務中心。此外，又有各種福利事業，由各志願及政府機構去辦理，此等服務中心設有社會康樂設備，他們的服務是具有相同的目標去發展社會活動」〔註 165〕。接著，她又講到香港社區服務中心所包含的活動項目：「包括有日間托兒所，家政，職業技術訓練班，圖書館，父母康樂會，有興趣的活動小組參加粵劇、京劇、音樂歌唱，及國術等，間中舉行音樂會，電影晚會及各種衛生教育展覽會等」〔註 166〕。社會福利署負責對社區服務中心管理，本港社會福利署管理此等服務中心，以及提供職員去主持若干節目及服務工作，與各志願團體共同推進工作。「目前在香港開設的社區服務中心主要有黃大仙徙置區、荃灣徙置區，明年（1963 年）還將準備在觀塘新市鎮建立第三個社區服務中心，將來還至少有兩個在計劃中，其中有一個是在柴灣新市鎮建立，並將由香港社會服務聯會主持」。

　　總括來說，社區建立工作在新市鎮內起到的作用大致如下：其一，協助

〔註 164〕王賡武主編：《香港史新編（上冊）》，第 206 頁。
〔註 165〕《華僑日報》，1962 年 9 月 29 日。
〔註 166〕《華僑日報》，1962 年 9 月 29 日。

原有居民，解決因拆遷而產生的各類問題；其二，為原有及新遷入的居民提供職業培訓，提高認識，使其能適應城市化及工業化的社區，以建立歸屬感，即「社區感」；其三，協助居民認同問題所在，組織並鼓勵居民表達需要，參與政策決定；其四，推動居民廣泛參與社區活動、社區服務，為社區老人及弱勢群體提供服務。

　　具體而言，在新市鎮內推行社區發展工作方面，有助於新遷徙到新市鎮居民適應新環境：在新移民入住新市鎮的前後，社區工作人員會聯同各有關政府部門、志願機構的職員及新市鎮內熱心參與社區事務的居民分工合作，向彼等新移民介紹未來居住環境及社區的一般情況，瞭解他們因遷徙而產生的各類困難，如就業、學業、交通、環境適應、心理壓力等。如果有需要幫助的話，直接向他們提供解決問題的意見及方法，又設立居民輔導中心以便向他們提供適當的資料，或轉介有關政府部門及志願機構介紹服務。從長遠來看，在新市鎮內開展的社區發展工作乃是協助新市鎮居民就他們的需要即所要面臨的困難，成立有關組織，以便處理各項問題。新市鎮發展局及社會發展部在新市鎮發展的初期較為注重鼓勵與培養入住新市鎮居民的社區意識及歸屬感，使他們漸漸對社區一般事務和面對的種種困難有較積極的參與，而所採取的步驟，大都是按部就班，循序漸進，因應他們不同的文化及社會背景、組別、興趣、需要等作出不同的安排。而社區發展工作的最終目的，乃是希望新市鎮居民能夠團結起來，組織和成立他們自己的團體，處理和解決與他們有關的事務或困難，使互助互勉的精神能夠得以發揮〔註167〕。

　　總之，透過多項社區活動，使來自四面八方，生活習慣完全不同的居民，盡量能相互適應，減少摩擦，增加鄰里認識，使社區成為一個大家庭。要建立一個新社區，有賴於全體群眾參與不可，這更包括了原有和新搬進的居民，故為發揮居民力量，發展區內「人」的資源，社區工作人員便組織多類的團體，除上述的居民組織外，還有青年小組，服務團等。

　　而對於一些市區內的舊社區，服務中心先建立在那些人口眾多及擁擠的地方。「如在港島西區，從前□育醫院地方亦首先建立一個小規模的服務中心，其活動範圍與徙置區相同。又如在荃灣雅麗珊郡主社會服務中心內，吸引有大量青年工人從附近工廠而來，彼等每月入息與香港區比較是相當好，

<hr />

〔註167〕關恒生：《在新市鎮推行社區發展工作》，載《社區發展資料彙編 1981 及1982》，香港：香港社會服務聯會，1982 年 9 月，第 16～17 頁。

目前各種康樂設備是僅限於在荃灣。此等青年工作勞苦，同時他們要有地方來消遣，以排遣其工作之緊張及找尋其他興趣。此等青年其中有些是身心健全，但有些是阿飛型，趨於暴粗及行為不檢，但他們都受歡迎來參加入會。社區工作的目的是協同他們，不論他們的背景，過去之行為表現如何，使他們有健康的活動機會，相處朋友，過去共同的社會康樂及文化活動。」又如「黃大仙服務中心的父親俱樂部中，他們參加粵劇，中國音樂及主持其他各種活動，他們可以邀請自己的親友一起參加各種消遣活動，利用該服務中心作為社交活動。有一項要點，其他們在社區服務中心可以發表他們所知道或希望的興趣活動。社會服務中心是依照他們的願望去發展各項活動。又如母親俱樂部裏，他們可以相互幫助鄰居解決一些問題，如育嬰常識，有疾病互相採訪，婚嫁喪事的費用，大家商量解決辦法，是他們大家以友誼的態度去分擔各種事務，建立一個夠好的社會觀念」〔註 168〕。

2.「六七暴動」〔註 169〕激起社區工作的快速發展

1966 至 1967 年發生的暴動，使政府瞭解到如果僅僅依靠「外圍」的地區組織來發展它的地區策略，是遠遠達不到政治控制得目的。而街坊會在其他強有力的群眾運動面前，顯得缺乏代表性〔註 170〕，政治角色未能充分發揮。於是，政府遂下定決心發展社區工作，以緩和社會矛盾及穩定社會。「政府開始檢討問題所在及對策，積極發展地區工作，緩和社會衝突及穩定社會」〔註 171〕。

1968 年，政府在市區十區〔註 172〕內設立民政署（即今日之民政事務總

〔註 168〕《華僑日報》，1962 年 9 月 29 日。

〔註 169〕六七暴動，又稱六七左派工會暴動或香港五月風暴。由於香港左派人士深受大陸文革左派思想的影響，於 1967 年 5 月 6 日發動的反英抗暴運動，同年10 月份基本結束。事件起因九龍新蒲崗大有街的新蒲崗塑膠花廠發生勞資糾紛，由最初的罷工、示威，發展至後來的暗殺、炸彈放置和槍戰。暴動期間，造成 51 人死亡，802 人受傷。「六七暴動」可謂是香港社會發展的分水嶺，間接促使當時的港英政府改善施政，開始重視地方社區工作。參閱 1967年 5 月 6 日至 10 月 31 日《華僑日報》、《大公報》、《香港工商日報》、《香港工商晚報》。

〔註 170〕Secretary for Chinese Affairs. Annual Reports, 1963～66. H.K.Government.

〔註 171〕梁祖彬：《社區工作的歷史源流及發展》，載於蘇景輝：《社區工作：理論與實踐》，臺北：巨流出版社，1990 年，第 68 頁。

〔註 172〕市政分十區，港島有四區，九龍有六區。民政署的設立，是去瞭解區內民眾的需要和困難，為政府提供決策提供智力支持，使市民與政府有更直接的接觸。政務署取代了以前華民政務司代表華人的角色，華民政務司則成為協調

署），加強政府與居民的溝通與瞭解〔註173〕。各區民政署成立以後，工作非常繁忙，市民所提問題深入廣泛，僅一周之內收到申訴事件共達二百六十六宗〔註174〕。民政署的設置，為社區居民提供一項新的服務，這不僅有助於市民解決困難，而且促使社會本身的力量來為自己謀取更大的福利。

進入70年代，港府更是成立了地區委員會、分區委員會及互助委員會的三層諮詢架構〔註175〕，積極地介入地區事務。互助委員會的成立，使以前由街坊、居民或是志願機構等成立的地區組織已經不再是政府搜集民意的主渠道。以前所建立的民意渠道，已經變成輔助性的民意，而非民意的主流。政府通過互助委員會建立起它在社區的直轄系統，以往的「朋友」已經是無關重要了〔註176〕。

起初，港府對發展互助委員信心十足，計劃在全港建立一萬個互助委員會。1971年至1973年間，已經成立1300多個互委會，而至1980年時方才成立3000多個互委會，只及原來三分之一〔註177〕。可見，互委會的發展只是在70年代初期光芒畢露，但是很快就衰落了。究其原因，一方面，民政署成立互委會帶有很強的政治目的，即是去阻撓區內壓力團體的活動〔註178〕。但作用極其有限，因為「它對社會行動起不到攔截或轉化的作用，提供的服務比不上街坊會，代表性也比不上一般的自發的居民組織」〔註179〕，它只是

民間團體機構。新成立的民政署主要職責：成立地區組織，規定地區組織的職權範圍，管理他們的財政，引導他們的意見，甚至解散他們的組織。詳情參閱：馮可立：《社區發展與政治》，載《社區發展資料彙編1985及1986》，香港：香港社會服務聯會，1986年9月，第15頁。

〔註173〕《華僑日報》，1968年5月11日。

〔註174〕《香港工商日報》，1968年5月24日。

〔註175〕1971年11月港督麥理浩上任，於1972年及1973年相繼推出「清潔香港運動」及「反暴力運動」，藉此鞏固民政署的基層推展工作，在各區組織互助委員會，策動居民參與改善環境及治安等工作。隨即，政府豁免互助委員會的社團登記，使民政署可以有法定的地位統轄互助委員會的工作。為使互助委員會有政制上的銜接政府成立「民政區委員會——分區委員會——互助委員會」的三重架構，使最基層的互委會得到制度上的支持，與僅有一個政治階梯以讓成員提升圍內的系統。

〔註176〕馮可立：《社區發展與政治》，載《社區發展資料彙編1985及1986》，香港：香港社會服務聯會，1986年9月，第15頁。

〔註177〕馮可立：《社區發展與政治》，第15頁。

〔註178〕Memorandum from C D.O. Shamsuipo to Commissioner for Police. 15th Oct., 1979.

〔註179〕馮可立：《社區發展與政治》，第16頁。

起到了建立社區關係的作用。另一方面，由於互委會與官方關係太密切，在
很多工作上受其限制，屢次引起互委會與民政署的衝突，也引起社區居民的
反感。面對壓力團體及其他組織時，互委會在政治上顯得十分保守，在組織
上顯得十分拘束。

　　互委會運動，是港府在社區發展上的一次退步。它抑制了社區建設中主體
的創造性與主動性，阻礙了社區組織的多元化發展，它控制了部分民意，致使
民間眾多的社區組織產生矛盾。由此可見，港府雖然對於社區工作愈發重視，
但其對社區工作的政策總體來看十分保守的，呈現出一種既希望開展的社區工
作來緩和社會衝突，但又害怕民間組織力量的強大影響其統治的矛盾心理。

　　與此同時，社會福利署與志願機構合作開展的社區工作則呈現欣欣向榮
局面。志願機構與社會福利署相繼在一些徙置區大廈內拓展社區發展計劃，
推動社區居民的民主參與、自助和合作精神。這些工作都圍繞著改善居民居
住環境及提供文娛教育活動為目標。與社區中心不同的是，這些計劃傾向於
解決具體的社區問題、組織居民即鼓勵居民自決。雖然說這些計劃以合作及
參與過程為重點，致使其結果並不理想〔註180〕，但是與政府保守的互委會運
動相比，無疑更具開拓性。不僅如此，在1974年，社會福利署與志願機構更
是發表了一份在特別社區內進行社區工作的立場書，建議社區工作應集中在
一些環節惡劣的地區進行，如一、二型的徙置區、木屋區及臨屋區等。這份
政策文件對社區工作的定義，是以鼓勵居民自助及自覺地解決社區問題，並
改善居民關係為重點。這亦是專業社區工作者參與制定社區工作政策的肇
始。同時，社會福利署亦於1973年制定了全港社區發展的五年計劃，該計劃
明確了以人口比例來發展社區中心、福利大廈及社區會堂〔註181〕。該計劃旨

〔註180〕 G.Richs, Community Development in HongKong: Sau Mou Ping a case Study
　　　　（Hong Kong: Centre of Asian Studies, University of Hong Kon, 1973）.
〔註181〕 社區會堂是一個可作多種用途的禮堂，附設有社區工作人員辦事處、會議
　　　　室等，是較為適合社區用途的。香港社區發展五年計劃制定以來成立的社
　　　　區會堂有：秦石社區會堂、富善社區會堂、興華社區會堂、啟業社區會堂、
　　　　健彩社區會堂、建生社區會堂、葵芳社區會堂、葵盛社區會堂、廣福社區
　　　　會堂、廣源社區會堂、荔枝角社區會堂、麗閣社區會堂、藍田（東區）社
　　　　區會堂、利安社區會堂、梨木樹社區會堂、利東社區會堂、禮頓山社區會
　　　　堂、利源社區會堂、朗屏社區會堂、聯和墟社區會堂、旺角社區會堂、白
　　　　田社區會堂、博康社區會堂、鰂魚涌社區會堂、西貢賽馬會大會堂、西營
　　　　盤社區綜合大樓社區會堂、沙角社區會堂、沙頭角社區會堂、山景社區會

在加強社區及團體的組織，促進各界合作，及培養居民之社會責任感。為達到以上目標，社會福利署用多用途的禮堂、會議室及各團體可借用的地方來代替以往簡陋的社區中心，「社會福利署一方面計劃把社區中心、福利大廈和社區會堂的數量增加並擴大其服務範圍，以滿足全港各界社區的需求；另一方面已經開始繼續設立社區及青年事務處，分布港九新界各區」〔註182〕。在五年內，計劃由社會福利署直接管理的各類新社區中心達到27間〔註183〕。這極大促進了社區工作在香港的快速發展。

二、香港城市社區建設的新發展（1978～1991）：鄰舍層面社區發展計劃的出現

（一）香港城市社區重建

進入20世紀80年代，香港城市發展進入新的發展階段。港府在舊區清拆和重建方面制定了許多計劃，並付諸實施，極大促進了香港城市的快速發展。而與此同時，隨著社區運動的廣泛開展，也催生了新的社區運動，即鄰舍層面社區發展計劃。

1. 舊區清拆

1982年，港府為清拆舊區僚屋，成立了改善僚屋區事務部，對僚屋居民作了登記，當時約有50萬戶。隨後即分期清拆僚屋及安排已登記的住戶入住公共房屋〔註184〕。當時《華僑日報》曾以「房署特別部隊加強行動，剷除東九龍僭建」為題目進行報導：「房屋署一個『特別部隊』正進行一項為期三個月的加強行動，剷除東九龍木屋聚集區的新近搭建非法木屋。該特別部隊在其他地區的僭建僚屋管制組人員支持下，已於過去兩個月內，在藍田及秀茂坪等『木屋區黑點』拆掉一千一百間僚屋。他們與僭建僚屋巡邏隊合作，日

堂、石硤尾社區會堂、石籬社區會堂、石圍角社區會堂、尚德社區會堂、赤柱社區會堂、新田圍社區會堂、打鼓嶺社區會堂、大興社區會堂、大元社區會堂、青衣邨社區會堂、翠林社區會堂、慈雲山社區會堂、屯門市社區會堂、和蛇社區會堂、漁灣社區會堂、元朗大會堂。詳情參閱：參閱：《香港地方街道及大廈名冊》（附設社區設施），地政總署測繪處出版，2007年，第198頁。

〔註182〕 羅志堅：《社區發展五年計劃：社會福利署的工作重點》，香港大學圖書館館藏，1974年，第67頁。
〔註183〕 羅志堅：《社區發展五年計劃：社會福利署的工作重點》，第67頁。
〔註184〕 王賡武主編：《香港史新編（上冊）》，第243頁。

以繼日在周末出動，將不法之徒新近搭建出售的非法建築物拆掉。廉政專員衛理欽昨日前往這些地區巡視半天，視察僭建僚屋管制方面的各種困難。他目睹該『特別部隊』正採取行動。他亦見到他們在行動中沒收的大堆木料燒掉，以防該等木料會再被利用。衛氏巡視完畢時表示：『僭建僚屋管制，特別是在藍田及秀茂坪等地區，以及處理火災後的有關事務，都是困難的工作。』廉政官員俯覽過多處木屋區及最近的火警災場後，並作實地視察，以瞭解若干情況——衛生及非法接駁水電的問題。衛氏亦獲闡釋由房屋署策劃的木屋區建議改善工作。陪同廉政專員巡視的房屋署長衛綸書說：在施行改善工作方面會有困難，我們將需要居民的合作」〔註185〕。

　　港府非常重視對僚屋的清拆與管理工作，究其原因，一是眾多的僚屋區存在著極大的安全隱患；二是這些僭建的僚屋或設備簡陋房舍卻是是一個發達社會中不應再存在的，同時亦可用清拆後騰出的土地用作公共設施的建設，而不單是依賴填海而得的有限土地〔註186〕。因此，港府不僅成立了僚屋管制組，而且還加大投入，撥出 800 餘萬鉅款為僚屋管制組添置九十部客貨車，加強巡邏僭建木屋黑點。據《華僑日報》報導：「房屋署動用八百八十萬元，為僭建僚屋管制科購置一列新車隊。在一項為提高工作效率的計劃下，房屋署訂購了九十輛小型客貨兩用車及九輛吉普車，以使該組在執行反僭建僚屋任務時，有更大的流動性。房屋署發言人昨日說：僭建僚屋管制科需要這批新車輛，用來應付因編制擴大及工作量增加而引起的工作上需要。他說那批小型客貨兩用車已投入服務，並已證明極具效用。我們利用這些車輛，加強巡邏難以到達的木屋區黑點，好像是崎嶇的山邊斜坡，使我們能預早遏止各種非法搭屋活動。他說該科以前要租用大批車輛，那樣做並不合乎經濟原則，而且效率亦非十分理想。發言人說，該批十五座位的客貨兩用車，已分配給在港島、九龍市區及新界的十二個僭建管制組，那是根據他們的工作量、區域及要求分配。他補充，當其餘車輛在今年稍後時間運抵時，將會立即投入服務」〔註187〕。截止到 6 月份，首四個月內僚屋管制組清拆木屋一萬八千間，成效顯著，但也遭遇到一些頑固之徒的強烈抵制，甚至出現管理人員被襲受傷的情形。如《華僑日報》報導：「房屋署僭建僚屋管制組人員，今

〔註185〕《華僑日報》，1982 年 2 月 12 日。
〔註186〕王賡武主編：《香港史新編（上冊）》，第 243 頁。
〔註187〕《華僑日報》，1982 年 4 月 26 日。

日首四個月，共清拆木屋共一萬八千間。房屋署僭建僚屋管制組人員，在與搭屋不法之徒所持續對抗行動中，雖然遭遇很多困難，但在四月份拆掉了四千間新搭成的建築物及木屋擴建部分。今日連場豪雨，港九新界多處地區發生山泥傾瀉，不少木屋居民遇難或需要疏散，備受關注。而當局進行研究之後，認為市民在山上搭建木屋，影響了土壤，加以垃圾堆積妨礙去水，因而容易引致山泥傾瀉。政府發言人警告市民不要搭建木屋，尤其是在斜坡。他並指出：僭建僚屋管制組人員將繼續加強巡邏木屋區，見到有新的搭建的木屋，便將其清拆。該署發言人昨日說：在清拆活動中，房屋署人員經常遭遇到敵對態度，甚或有被襲擊受傷的危險。他以最近一件事件為例，一行僭建僚屋管制隊伍在大窩坪一次清拆行動中遭遇到連串辱罵及人身報復的恐嚇。他說，其後有三名隊員受傷，而警方正調查該案。發言人說這類事件經常都會發生，但我們對搭建木屋不法之徒的加強行動，不會有有任何鬆懈。在四月份被清拆的四千間建築物，與去年四月的數字相比較，多出了一倍，並使到僭建僚屋管制組人員，在今年一月以來，已清拆木屋的總數達到一萬七千九百四十一間。這些建築物大部分是搭建作為住宅用途，小部分作為商業或其他行業之用」〔註188〕。

在眾多舊區清拆事件中，1987年在中英雙方協議下進行的清拆九龍城寨一度引起各界關注，期間出現過官民相爭的場面，最後港府採取果斷措施結束事件。下面以九龍城寨拆除為例，梳理該事件發生的經過及港府採取的措施，分析在香港城市化建設過程中的得失，對於我們今天的城市化建設有重要借鑒意義。

1987年港府宣布清拆九龍城寨，中國政府表示這符合港人利益，指出聯合聲明為改善城寨居民生活創造條件。據《大公報》報導：「外交部發言人今天說，對香港英國政府準備清拆九龍城寨，並在原址上興建公園的決定表示充分理解。這位發言人說，九龍城寨和香港其他地區一樣是歷史遺留下來的問題，但有其特殊的歷史背景，中英兩國政府1984年12月19日簽署了關於香港問題的聯合聲明，圓滿地解決了中國政府於1997年7月1日對整個香港地區恢復行使主權的問題，從而為盡早從根本上改善九龍城寨居民的生活環境創造了條件。切實改善九龍城寨的生活環境，不但符合城寨居民的切身利益，也符合全體香港居民的利益。因此，從整個香港的繁榮與穩定出發，我

〔註188〕《華僑日報》，1982年6月6日。

們對於香港英國政府準備採取妥善措施，清拆九龍城寨，並在原址上興建公園的決定表示充分理解」〔註189〕。在得到中國政府的首肯之後，港府立即著手九龍城寨的清拆工作。首先，房屋署派出三百職員進入城寨開展工作，一一為城寨的五千多家庭作了登記，並承諾將給予妥善安置補償。九龍城寨街坊會亦認為只要照顧好坊眾利益，清拆是件好事。據《大公報》報導：「港府昨（十四）日宣布在三年內，將九龍城寨改建為公園的計劃後，三百六十名房屋署職員隨即替當地居民辦理初步登記工作。截至昨日為止，已登記的居住單位共八千七百十八個，已登記的家庭有五千一百一十六戶，登記人數則為一萬九千六百零六人。港府發言人解釋說，進行上述計劃占費用約數十億元。發言人強調，有關行動及發展計劃是符合港人利益的。九龍城寨街坊福利事業促進委員會亦認為，港府昨日宣布的政策，既照顧到城寨坊眾的利益，又得到中國方面的認可，所以是恰當的，是件好事」〔註190〕。其次，港府制定較為詳細的清拆計劃，將九龍城寨清拆分為三期進行，計劃用三年時間全部完工。據記載：「港府是於昨日上午九時宣布該項清拆九龍城寨，改善環境計劃的。港府發言人解釋說，長久以來，社會人士對九龍城寨的環境問題都感到關注，包括水浸、危險建築物、衛生情況惡劣及火警危險嚴重等。這些令人難以接受的情況為九龍城寨及毗鄰地區居民帶來很多問題；港府經過慎密研究之後，認為唯一的解決辦法是將該區全部清拆，整個清拆計劃會分三期進行，歷時三年，到 1990 年 3 月應全部完成。該區清拆後將不再興建樓宇，但會發展成為一個公園，並可能會有一些附設的社區設施。發言人說，房屋署昨日發出調查告示之後，已著手進行清拆前的住戶調查，確定誰是該處的真正居民，日後並決定那些人有資格獲得安置及補償，而所有符合資格的人士都會得到適當的安置及補償，安置安排將根據市區重建清拆的標準去決定。負責昨日調查行動的房屋署助理署長（專責事務）陳德平在接受記者的訪問時表示，九龍城寨的大部分居民對昨日執行登記行動的房署職員給予充分合作，居民並表示歡迎清拆行動及不滿意衙門目前的居住環境。他說，在調查中共有三千六百五時個居住單位和五十六個商業單位，因戶主外出而大門深鎖，以及有二十二個住戶拒絕接受登記。他說，房屋署職員今日將繼續登門與昨日不在家的住戶進行聯絡補辦手續，而對於拒絕登記的住戶，則

〔註189〕《大公報》，1987 年 1 月 15 日。
〔註190〕《大公報》，1987 年 1 月 15 日。

會再作解釋，並要求他們合作。問及城寨住居的補償及安置問題，陳德平表示，房屋委員會今日將舉行特別會議，研究成立一個特別委員會來解決九龍城寨清拆的問題，賠償和安置問題均需由該特別委員會決定。該特別委員會的成員將包括房委會委員、與九龍城寨有密切關係的人士、專業人士如法律界人士，測量師及官方代表。據稱該委員會主任則會由立法局議員胡法光擔任。昨日的住戶調查行動於上午十時開始，三百六十名房署人員共分為五十隊，手持油漆及黑板等工具，每到一戶民居或商戶，則用油漆在牆壁上注下號碼，並登記人數、面積以及拍攝作記錄。城寨內的居民對於他們的行動雖感到突然，但也沒有慌亂，登記工作進程中並沒有不愉快事件發生」〔註191〕。

港府對九龍城寨的清拆作了充分的準備、廣泛徵求市民的意見及制定了詳細的清拆補償計劃，如由中英雙方成立聯絡小組解決城寨清拆問題及港府法援署負責處理城寨迫遷訴訟等。「九龍城寨市民被業主加租迫遷事件，中英聯絡小組中方成員喬宗淮認為，九龍城寨這些特殊問題，由中、英兩國透過聯絡小組來解決，不失為一件好事，因而他不希望一些枝節而影響大局。喬宗淮表示，在解決城寨迫遷問題，可以從多方面的途徑來協商，以便住客與業主皆可從合理的形式下解決城寨的租務問題。另外，清拆城寨特別委員會成員陳子鈞則透露，他會就城寨住客被迫遷事件與經濟司進行討論，而中國方面不反對的話，本港法庭將會接受該等被加租迫遷的訴訟。陳子鈞解釋，有關訴訟，與本港市民申請法律援助一樣，法援署將會進行處理，而九龍法律援助署的辦事處，亦已獲知將接受城寨居民的訴訟」〔註192〕。又如港府廣泛聽取九龍城議會徵求的市民對九龍城寨清拆計劃的意見。「九龍城議會定今日下午舉行第十三次會議，由副政務司呂孝端向區議員簡報九龍城寨清拆計劃。另外，九龍城區議員方培湘將提交一份文件，懇請政府保存城寨文物以吸引遊客，並建議興建城寨文物館；在原址興建城寨模型；及將一切古物古蹟保存，另覓地方重建。會議上，區議員將討論設立區議會二十四小時熱線電話建議，收集市民對區內環境、交通及運輸和社區建設的意見，為本區居民提供更好服務」〔註193〕。「房屋委員會九龍城寨清拆事宜特別委員會三位成員，昨午前往九龍城寨訪問數個家庭，聽取居民對安置及賠償方面的意見。

〔註191〕　《大公報》，1987年1月15日。
〔註192〕　《華僑日報》，1987年2月12日。
〔註193〕　《華僑日報》，1987年2月12日。

該三位成員為房委會委員梁煒彤、九龍城岩街坊福利事業促進會委員會副主席陳協平，及政府地政監督毛燦明。該特別委員會曾於二月二十五日首次訪問九龍城寨，瞭解該處的環境。委員會共有十二名成員。隨後，特別委員會成員決定再次安排訪問，分批前往探訪城寨內的家庭。首批委員已於四月七日前往整個住宅單位，探訪居民」〔註194〕。至 1987 年底，港府正式公布了九龍城寨清拆補償細則。根據《華僑日報》報導，茲列如下：

　　九龍城寨清拆事宜特別委員會主席胡法光表示，立法局財務委員會已就九龍城寨清拆事宜批出逾二十七億六千萬元，分三年清拆，首批寄出的通知信件，由十二月底發出。胡法光昨日在記者會上指出，九龍城寨第一批居民在八八年初指八九年底搬出，第二批在八八年底至八九年，第三批在九零年初至九零年底。他又謂，由於九龍城寨分三期清拆，即由現時至九零或九一年止，故此，第一期受清拆影響居民的補償及安置專函，將於月底發出，而農曆年期間遷入新的居所，因為發出專函超過三千封，所以必須分批處理及發出，故部分居民可能較早收到函件。九龍城寨清拆自住業主及租客的安置選擇及房屋供應方面：租住公屋地點包括九龍、港島、沙田、將軍澳、荃灣及青衣。而居屋及私人機構參與計劃，八八年至八九年選擇地點包括九龍、沙田及馬鞍山、將軍澳、荃灣、屯門、大埔。八九年至九零年則包括九龍、港島小西灣、沙田、將軍澳、青衣、屯門、大埔、粉嶺。九零至九一年包括九龍、港島柴灣、將軍澳、馬鞍山、大埔及粉嶺。胡法光稱，由於城寨的情況特殊及考慮其歷史背景，現時沿用的補償方法不會再使用。

　　第一、自主業主方面：胡氏說，應在盡可能情形下協助自住業主在清拆後重新自置物業。他說：「不過，鑒於城寨物業價格偏低，假如要資助業主購買私人樓宇，肯定要動用巨額款項，此舉會被認為過分慷慨，因此並不適合。」他說，因此，特委會認為合理的安排，應該是依居屋價格為依據，定出一套資助業主購買居屋的金額，並給予合資格的業主購買居屋的優先資格。胡氏說，這筆補償金額應該足夠幫助大部分合資格的城寨居民自置居屋單位，補償金額的

〔註194〕《華僑日報》，1987 年 4 月 25 日。

計算方法如下：樓宇認可面積在二十三點四平方米以下，每平方米為九千六百七十元，而面積在二十三點四五平方米至六十平方米，每平方米為六千九百三十元，面積超過六十平方米，每平方米為五千元。故此，樓宇補償將由最小面積單位一百平方尺米，獲得八萬九千八百三十六元，至最大之單位面積一千六百平方尺，獲得九十二萬三千二百四十三元不等。他又謂，城寨內大部分單位面積，約在二十三點四四，故此，以這個面積單位為計算標準。

第二，業權方面：胡氏指出鑒於缺乏契約文件，在確定及核證城寨樓宇業權資格遇上困難，業權資格乃需根據註冊總署所特別訂定並經特委會通過的準則而確定。因此，無論是自住抑或非自住業主，在現金補償方面將不會有所分別，而且，所有樓宇無論店鋪，工廠或住宅，其現金補償至計算方式，均是以居者有其屋價格為基礎。

第三，安置資格方面：所有在 1987 年 1 月 14 日當日及其後真正居住在九龍城寨的居民均可獲得永久安置資格，只要他們在 1990 年 3 月底前在香港連續住滿七年。他又說，符合資格的租客，可選擇租住公屋單位，或自資優先購買居屋，或申請房屋委員會日後公布的自置居所貸款計劃下的免息貸款，購買私人樓宇。符合資格的自住業主可選擇租住公屋單位及一筆補償金，金額相當於其擁有的樓宇單位的公平市價，或一筆以居屋單位價格計算的補償金及優先購置居屋，或一筆以居屋單位價格計算的補償金及當自置居所貸款計劃推出後，申請該計劃下的免息貸款，購買私人樓宇。

第四，營商人士方面：他說為了補償問題，特委會認為應該對城寨經營生意的行業作一個明確的區分，例如食品工廠這些可獲得補償資格的行業，便應有別於其他非法行業，如色情場所及賭檔，因為這些行業無資格獲得補償。凡於 1987 年 1 月 14 日以後才入住城寨的人士，或將原有樓宇面積分間，或興建新樓，或擴建原有樓宇面積，或新設營商業務，皆不會獲得任何補償。此外，於 1987 年 1 月 14 日後購買樓宇的業主，其補償金額只可按公平市值計算。合資格的居民即營商人士，將獲發按標準補償率計算的搬遷津貼，以補償他們因搬遷及有關事項引致的費用和損失。特別委員會亦有就

下列某些較特殊的居民團體所關注的問題加以考慮。

第五，志願團體方面：城寨內共有五個志願團體，其中部分團體在過往一直接受政府的資助，社會福利署已為這些團體在其他地區覓得新址繼續服務，至於其他一向沒有接受政府資助的團體將不會獲得提供新會址，但社會福利署預備在其他方面向他們提供協助。

第六，商業性水井供水商：城寨供水商將繼續供水服務，直至所有城寨居民遷出為止。政務總署及屋宇地政署亦會與供水商舉行多次會議，聽取他們對補償的意見。

第七，社會個案：政務總署及社會福利署職員已探訪城寨的老人家及其他需要幫助的人士，向他們提供援助。至於城寨非註冊醫生及牙醫，特委會屬下工作小組現正就城寨非註冊醫生及牙醫的日後安排，加緊研究可行辦法，但由於所涉及的問題複雜，所以需要一段時間才能作出建議，該小組由特委會浦炳榮擔任主席。胡法光表示，經營牙醫診所或醫療的人士，若擁有該座鋪位，則可獲得賠償與及按照商業損失計算在內，而有關這方面的問題，現正與聯絡專業團體商討。九龍城寨街坊福利專業促進會屬下，亦成立醫務組聯絡經營醫療之工作者，其聯絡主任錢茂林表示，希望在首期拆遷之前兩個月公布安排細節，因為，若首期拆遷時仍未公布，不單影響他們的生意，更做成威脅〔註195〕。

除公布賠償細則外，港府又設立兩個小組專門接受居民對城寨清拆問題的申訴。「處理九龍城寨清拆問題的專責辦事處，昨日開始接受居民有關賠償方案的詢問，並派發小冊子，解釋方案內容。位於樂富邨十七座的專責辦事處，昨日中午已有大批城寨居民前往該處諮詢，而辦事處已預備工作人員派發小冊子及提供諮詢服務。此外，一套以廣東話及潮語講解賠償方案的錄音帶，在辦公時間播放，使市民可以瞭解有關事宜。查詢並可致電政務總署電話三—三七九九〇六。另外，特委會亦設立兩個負責處理申訴事宜的小組，若居民不滿意獲提供的安置及補償安排，可向兩個小組申訴。（一）由特委會委員梁煒彤擔任主席的上訴申裁小組，將會處理所有與清拆有關的申訴，但不包括有關評估工作及公務員的投訴。（二）由特委會委員簡福怡擔

〔註195〕《華僑日報》，1987 年 12 月 11 日。

任主席的評估覆核小組，將會處理有關評估補償事宜。小冊子除簡述補償及安置資格及上述途徑等外，其中亦包括有關『可計算樓面面積』的定義。可計算樓面面積是指某個單位內可供業主支配使用的樓面面積，但不包括附屬的鐵籠、閣仔及公用地方如樓梯、通道、升降機槽、門廊，亦不包括鴿籠、狗屋、雞棚、水箱、泵房、電力變壓房、電錶房、車房，以及通天、露臺、花園、平臺等地方」〔註196〕。

由於該補充細則較為完善，照顧到各街坊、商人及社會團體方面的利益，得到了較大認可。正如當時報紙所報導：「九龍城寨清拆居民補償及安置細則昨天正式公布，初步的反應大致是皆大歡喜，其中主要原因，乃是自從宣布清拆九龍城寨後，港府委出了一個清拆事宜特別委員會以充分的時間與居民對話，不斷進行談判及諮詢。因此，所有的關鍵問題，早已在談判及諮詢中得到協議，在作出『官式公布』時，皆大歡喜是理所當然。而取得皆大歡喜的關鍵，則是所有符合資格的居民即業主，都獲得充分協助，重新自置居屋，也得到合理的補償和安置」〔註197〕。九龍城寨的小業主對補償細則也較為滿意，歡迎賠償安置方法。「就城寨賠償方案的公布，九龍城寨街坊會昨日上午舉行了執行委員會。大部分業主及商戶均對房委會有關的賠償及安置方式表示歡迎。部分小業主表示滿意，但他們將不會接受安排購置新界的居屋，因為住慣了九龍，未必習慣住新界。至於一些大單位業主則認為依面積分三級作賠償並不公平，這使他們得不到應用的賠償。而一些租客對當局有限安排他們入住公屋的措施，表示非常滿意」〔註198〕。

在此次清拆過程中，九龍城社區組織——街坊會發揮了重要作用。據《華僑日報》報導：「九龍城寨街坊福利會昨午就城寨清拆補償及安置方案發表聲明，該會昨晨亦召開執委會討論，更認為此方案基本上符合城寨大多數居民意願，及可以接受。發言人陳協平表示：經過中英兩國政府商議，對解決城寨問題達致共識，九龍城寨問題是歷史遺留下來的特殊問題，清拆九龍城市關係到三萬多居民的安居生計，成為今年社會所關注的大事。他解釋自城寨清拆事件公布以來，本會積極履行了關注民生、服務社群、維護居民合法權益的宗旨，積極促成事件圓滿解決。本會負責人及熱心公益的坊眾，不辭辛

〔註196〕《華僑日報》，1987年12月11日。
〔註197〕《華僑日報》，1987年12月11日。
〔註198〕《華僑日報》，1987年12月11日。

勞地廣泛深入聯絡居民，開展了協調工作，以多種方式徵集和反映居民意見。
九龍城寨清拆事宜特別委員會的主席和委員以及政府有關部門官員，亦多次
到城寨探訪居民，瞭解實情，並舉行座談會聽取居民意見，就清拆事宜與居
民權益問題進行了對話洽商。他表示在該會及居民誠摯協助下，開創了和諧、
客觀及坦誠商討的良好局面，使有關方面能盡早研究制定有關方案，使居民
的情緒得以安定，繼續過著正常生活，有效促進社會的穩定繁榮。街坊福利
會希望當局能體察實情，解決民困，扶持工商和協助重建專業，對存在的問
題，加以特殊處理。務使城寨清拆事宜得以圓滿解決。」〔註 199〕

　　然由於九龍城寨複雜的居住與生活環境，致使在清拆過程中產生的「後
遺症」仍很明顯。正如報紙報導：「九龍城寨的黃、賭、毒問題一直受人關注，
副警務署長李君夏稱，但自從二十年前，警方派員在城寨內執行任務，這些
問題已逐步得到改善。他不否認城寨仍存在有毒品問題，但清拆道特別地區，
會否引至三合會分子向其他地區發展，他則認為言之尚早」〔註 200〕。

　　總的來說，港府清拆九龍城寨是比較成功的。本次清拆相較於 1948 年初
發生的港英政府強拆九龍城民居事件〔註 201〕，無疑較為合理、成功。當年曾
因清拆而引起衝突，怒潮一度蔓延至廣州，火燒沙面事件〔註 202〕轟動中外。
此次清拆由於事前諮詢工作做得成功，也成為解決社會事務的成功先例。清

〔註 199〕　《華僑日報》，1987 年 12 月 11 日。
〔註 200〕　《華僑日報》，1987 年 1 月 21 日。
〔註 201〕　對於此次九龍城問題的研究，史學界著述頗豐。其中較為著名作品有梁炳華：
　　　　　　《城寨與中英外交》，香港：麒麟書業有限公司，1995 年；魯金《九龍城寨
　　　　　　史話》，香港：三聯書店，1989 年；李雲漢：《國民政府收回香港九龍之決策
　　　　　　與交涉（1941～1948）》，《近代中國》第 119 期，1997 年 6 月。
〔註 202〕　沙面事件：1948 年 1 月 5 日，港英當局不顧中國政府長期以來對九龍城的
　　　　　　主權要求和事先的多次警告，以整治衛生為名，強行拆除九龍城內民居，令
　　　　　　大批城內居民流離失所，困頓哀號。這一事件再次觸發了中英兩國政府對九
　　　　　　龍城主權問題的交涉，並引起內地民眾對港英當局行徑的抗議浪潮。廣東對
　　　　　　此事件做出的反應尤為激烈，朝野各界對遭受厄運的九龍民眾及時伸出援助
　　　　　　之手，捐錢輸物，派人慰問。廣州各界更醞釀成立粵穗各界對九龍事件外交
　　　　　　後援會，統領聲援行動。1 月 12 日，香港軍警再次出動，到九龍城強拆臨
　　　　　　時搭建的棚帳，並打傷居民多人。消息傳來，廣州各界民憤沸騰，後援會遂
　　　　　　於 1 月 16 日舉行了聲勢浩大的示威遊行。示威行動得到廣東地方當局的批
　　　　　　准，政府各相關部門也參與了組織協調與秩序的維持，然而這場正義的和平
　　　　　　示威行動卻橫生枝節，以焚毀設於沙面的英國駐廣州總領事館而混亂結束。
　　　　　　詳情參閱：張俊以：《1948 年廣州沙面事件之始末──以宋子文檔案為中
　　　　　　心》，《中國社會科學》，2008 年第 6 期，第 185～200 頁。

拆九龍城寨補償及安置細則公布後，兩個申訴委員會同時宣告設立，接受不滿的申訴及覆核事宜，更可以對不瞞者獲得提出申訴機會，都是一種消除任何不滿的最佳方法。港府在此次清拆過程中盡力協助城寨居民瞭解賠償及安置細則內容，可謂居民查問有門，更應給予詳細解讀，消除居民疑惑，故清拆進行得較為順利。這些措施與辦法是我們現在進行城市建設時應該借鑒與學習的。

2. 市區重建

港府早在 20 世紀 70 年代以來亦曾開始進行多次市區重建，以改善市區舊有面貌的計劃。及至 1987 年通過《土地發展公司條例》，並在 1988 年成立土地發展公司（Land Development Corporation）。這個公司獨立於港府，營運資金來自營運盈餘、地產發展商提供之按金及 1 億元須付利息的政府貸款〔註203〕。

當時報紙對此也多有報導，如《大公報》以「土地公司發展條例，律政署短期內擬成」為題進行報導：「律政署將於短期內完成草擬土地發展公司條例，以便臨時土地發展公司董事局於兩周後開會討論。據臨時土地發展公司董事局一些成員透露，律政署已向該董事局提交了一份土地發展公司條例的初步草案，讓董事局成員於上周的會議上就法例草案內容發表意見，而律政署在收集完有關意見後，現正進行進一步草擬工作。屋宇地政署署長周湛樂日前向本報記者表示，整個法例的草擬工作現正接近完成，所需修改的只是，一些法律字眼，而土地發展公司日後的職權範圍及其他的主要概念將不會有變。他說，如果草擬工作進行順利，董事局希望在兩周後的會議上就決案進行討論。他又說，律政署在草擬土地發展公司條例時，所需的工作時間較長，主要是由於土地發展公司在港是一個新的觀念，因此需要較長時間來斟酌法律上的字眼。他強調，雖然有關的法例仍未草擬完成，但實際上並不影響臨時董事局的工作。他指出，侯任土地發展公司總幹事石禮謙現已不時參與臨時董事局的會議，以瞭解土地發展公司的運作及工作進度。假如工做法例草案趕及於下次會議前提交臨時董事局，該法案將可於立法局本年度會期內獲得通過，並估計土地發展公司將可於本年七月正式成立」〔註204〕。

同年 7 月，土地發展公司條例獲得行政局審閱通過。據《華僑日報》報導：「行政局於昨晨審閱通過土地發展公司條例草案，並於下個立法年度初期

〔註203〕《土地公司年報 1993～1994》之帳目附注，第 41 頁。
〔註204〕《大公報》，1987 年 4 月 7 日。

交立法局三讀通過。土地發展公司條例草案的主要內容，會涉及公司組成後的權力範圍，運作方式等，行政結構及財政安排。條例草案將規定土地發展公司在選定重建地盤後，經向城市設計委員會遞交藍圖，經批准後，才可以和樓宇業主協商收樓搬遷條件，若一年後未有定義，則土地發展公司可徵求行政局同意，引用強制收回官地條例，收回樓宇發展。較早財務委員會已經批准從發展貸款基金貸款一億元予土地發展公司，作為該公司成立及初期經營的資助貸款款項。當局擬於十月成立法定的土地發展公司，以便在港九新界較舊的市區推廣及進行重建計劃。政府發言人說，行政局早在八五年六月，已同意成立土地發展公司的建議」〔註205〕。

　　該條例提出以後，由於在無利潤重建項目上沒有明確規定港府的權力，以及沒有說明由於引用《官地收回條例》收回樓宇，並給予其住客合適的安置等，曾遭到香港都市規劃師協會的質疑。據《大公報》報導：「香港都市規劃師協會，就1987年土地發展公司條例草案，發表了一份意見書，批評草案中並未列明港府是否有權指使土地發展公司實行無利可圖，但對環境及社會有利的重建計劃，另外，該會建議土地發展公司日後應將發展的草圖公開，諮詢有關的團體。香港規劃師學會的意見書中指出，土地發展公司條例草案中定明，土地公司須按謹慎的商業原則經營業務，但在財政司批准下，亦才可從事可能無利可圖的計劃。港府成立土地發展公司的主旨之一，是在港府協助改善，及發展市區內部分無發展利潤的地區。另外，雖然草案列明港督有權指使土地發展公司做一些對公眾有利益的事情，但草案並沒有明確地說明港府是否有權指使土地發展公司實行無利可圖但對環境及社會有利益的計劃。該意見書又指出，該會歡迎草案規定土地發展公司制定發展的草圖，要經地政工務司呈交城市規劃委員會批准，但該會建議，為了徹底瞭解草圖的背景，土地發展公司應同時呈交詳細的背景資料、地區的發展潛能和掣肘、土地用途的分配、及對社區的影響，並建議有關資料應憲報刊登。該會指出，市區重建對現存社區有莫大的影響，在草圖呈交城市規劃委員會前，法例還規定了土地發展公司諮詢當地團體，如議會、這可確保當地市民的需要在制定草圖時得以充分的考慮。他們認為，草案可確保土地發展公司已採取一切合理步驟取得該土地，包括以公平合理的條件商議購買該土地，否則地政工務司不得建議根據根據《官地收回條例》收地。當時草案

〔註205〕《華僑日報》，1987年7月29日。

並沒有給予業主優先權利在重建區購買新建住宅樓宇。事實上，市區重建通常在舊區進行，而市民大部分在區內生活居住多年，對社區有很大的歸屬感。該會又指出，草案內並沒有說明由於引用《官地收回條例》去收回現有樓宇，其住客會否被安置，同時，在引用《官地收回條例》前後而被影響的住客，會否受到不同的安置或賠償。法例應要列明所有住客都會受到合理的安置」〔註206〕。一些政府議員對此條例也有異議，認為土地發展公司權力過大，對重建區居民不公平。據《華僑日報》報導：「南區區議會昨日討論土地發展公司條例草案，有部分議員覺得土地發展公司權力過大，而又可引用《官地收回條例》，對於重建區居民欠公允。首席助理地政工務師余嘉□指出，倘有重建區民反對，可向城市規劃委員會反映意見。區議員高譚根表示，港府提出的土地發展公司條例草案，城市規劃委員會的權力過大，而《官地收回條例》可能影響重建區民的業權。潘順國則指出，港府在修訂有關條文時，會刪去獨立申裁處對於受影響的居民，無形中減少了一個上訴的途徑。一切重建區居民倘對任何收回業權的土地有問題，可到城市規劃委員會進行上訴，最終亦會經港督會同行政局的批准」〔註207〕。

　　土地發展公司的主要任務是掃除舊市區裏殘留的破舊建築及矯正已存在的各種規劃上的毛病，以改善社區環境及設施為方針重新改造該區，包括在原地興建多層的商住大廈、重鋪路面、開闢公眾休息空間、加建民生設施等等，其計劃必須符合港府城市規劃的發展方向，但須按照商業原則經營業務〔註208〕。至1994年，土地發展公司重建計劃完成了灣仔太源街與第三街等兩個重建計劃。另外，李節街、灣仔道及豉油街等重建計劃也先後完成，以及把舊上環街市重建為西港城綜合購物中心。當時港府計劃把李節街重建為社區設施住宅，《大公報》曾以「李節街局部封閉，建社區設施住宅」為題進行報導：「港府現擬永久封閉灣仔李節街部分街道，以便土地發展公司進行市區重建計劃。港府發言人說，該項發展計劃包括在地下至三樓設置政府、團體、社區設施，三樓以上作私人住宅。發展計劃還包括一個有園景美化的休憩地方和一個供公眾使用之上落客貨區，以及連帶之停車處及供車輛移動的地方。擬於李節街進行的局部封閉，將於土地發展公司的發展計劃下

〔註206〕《大公報》，1987年8月11日。
〔註207〕《華僑日報》，1987年9月11日。
〔註208〕王賡武主編：《香港史新編（上冊）》，第244頁。

同時進行」〔註 209〕。稍後《華僑日報》也刊登擬永久局部封閉李節街的公告，公告如下〔註 210〕：

道路（工程、使用及補償）條例

（香港法例第 370 章）

（根據第 8（2）條規定所發之公告）

擬永久局部封閉李節街

茲公布運輸司現擬實施道路工程，其範圍已在圖則第 MH4262 號內表明及在其附連之計劃摘要內說明。該圖則及計劃摘要現存放於田土註冊處。

該項建議工程之一般性質為永久局部封閉李節街。

香港中環統一碼頭道 38 號海港政府大樓地下中西區政務處諮詢服務中心，香港軒尼詩道 130 號修頓中心 19 樓港島西區地政處，以及香港灣仔柯布連道 2 號地下灣仔政務處諮詢服務中心，均備有上述圖則及計劃摘要，各界人士可於下述正常開放時間內前往免費查閱。

開放時間（公眾假期除外）：星期一至星期五，上午 9 時至下午 4 時 30 分；星期六，上午 9 時至中午 12 時。

任何人士欲反對該項工程或使用，或同時反對兩者，必須以書面向香港亞鼈畢道中區政府合署東座三樓運輸司提出，說明其本人之權益及聲稱受該項工程或使用影響之情形，於 1992 年 2 月 18 日或該日前將反對書送達運輸司。

運輸司　梁文建

1991 年 12 月 14 日

土地發展公司的市區重建計劃對促進香港城市規劃的現代化起到了一定作用，使市區舊有面貌煥然一新，改善了居民的居住環境，完善了社區設施。尤其是土發公司因為有政府背景，比一般的私人發展商更有能力承擔大型重建工作，其重建計劃除商業利益之外，亦能顧及增加社區實施及改善環境。但是，土發公司又受制於政府權限，在沒有得到政府的全力支持下，其職能在權限範圍內及不虧本的情況下自力更生，承擔在小地區上的重建計劃，有負改革香港城市現狀的期望；另一方面，在舊有社區中往往已發展了一些歷史悠久的社區

〔註 209〕《大公報》，1991 年年 12 月 22 日。

〔註 210〕《華僑日報》，1991 年 12 月 27 日。

特色及鄰里關係，這些都無可避免地成為重建計劃的犧牲品，即使刻意重建地區特色，也往往只剩空殼而無復舊貌。這也是在香港城市社區的快速發展進程中應該予以關注的。

（二）鄰舍層面社區發展計劃的出現

20 世紀 70 年代後期，港府開始瞭解到地區諮詢架構及社區發展工作並不能有效緩和地區衝突，更不能阻止激進社會組織的興起〔註211〕，不少社區工作者亦是這些激進組織的基本支持者。這種激烈的社區運動，隨著 80 年代城市舊區清拆與舊區重建而愈演愈烈。因為在港府主導的舊區清拆與市區重建過程中，底層居民沒有得到益處，即是使那些有能力可以居於重建區的居民實際上沒有得到益處「對於有能力居於這些重建後新落成樓宇區域的市民來說，他們的居住環境似乎獲得改善，應算是得益者之一，但他們卻要付出昂貴的樓價或租金為代價，換言之，要居於重建區便要終身為發展商打工」〔註212〕，而對於多年來都居於舊樓的租客來說，雖然可以獲得一些補償，但是由於政府逐步放款租金管制，以及舊樓因重建拆卸而求過於供，租金上升至難以負擔的水平，租客只好租住面積更細小的地方，例如由板間房變為租床位，對他們來說，在重建過程不但沒有得益，反而因租金開支增加而生活質量下降，成為重建的犧牲品。造成以上不公平的社會現象的主要原因是政府一直以經濟發展為主導，市區重建背後的目的只是為了配合經濟發展，以致在重建政策制定及規劃過程中沒有受影響居民的參與，市區重建計劃只是注重表面環境改善計劃而完全沒有社會性的計劃〔註213〕。這種所謂社會性的計劃是要顧及原有社區多元化的需要，使社區上處於較脆弱和無助的群體，例如貧窮者、失業者、年老者等，在重建過程中得到生活的改善，以達到更公平和平等的社會〔註214〕。

鑒於此，港府於 1977 年開始資助鄰舍層面社區發展計劃，希望透過資助這些計劃，增加政府與環境惡劣地區居民的溝通，並減低激進團體在這些

〔註211〕 J.Leung, "Problems and changes in Community Politics," in Social Issues in HongKong, edited by B. Leung（HongKong: Oxford Univerisity Press, 1990）.

〔註212〕 吳國華：《市區重建——社區工作者的介入和角色》，載《社區發展資料彙編1993 及 1994》，香港：香港社會服務聯會，1994 年 9 月，第 32 頁。

〔註213〕 吳國華：《市區重建——社區工作者的介入和角色》，載《社區發展資料彙編1993 及 1994》，香港：香港社會服務聯會，1994 年 9 月，第 33 頁。

〔註214〕 The International City Management Association, The Practice of Local Government Planning, 2nd Edition（1988），p.330.

地區的動員能力〔註215〕。但是鄰舍層面社區發展計劃開展了兩三年之後，成效不大。政府與社區工作者分歧陸續呈現。社區工作者仍然透過針對居民對環境或對政府處理手法的不滿，或藉著危機（如火災、清拆和重建等）的出現，組織和動員居民抗議政府的政策，尤其是房屋政策。這些社區行動更導致成立了全港性的三個聯區行動，包括木屋區、臨屋區及重建區〔註216〕。因此，為加強對鄰舍層面社區發展計劃的監管，本來只是負責協調工作的鄰舍層面社區發展計劃委員會，在1982年進行了全面的工作檢討。並於1984年通過的檢討報告書亦明確確立了鄰舍層面社區發展計劃在邊緣社區內福利服務的角色，同時也肯定了政府對於鄰舍層面社區發展計劃工作政策的支持及資助。

雖然政府已明確支持鄰舍層面社區發展計劃，但社會環境的改變卻帶來另一個危機。隨著政府大規模推展一連串重建舊型公共屋邨計劃，以及木屋區、臨時房屋區的清拆工作，在這些類別的社區要識別一些「優次地區」以推展鄰舍層面社區發展計劃，也就越來越少〔註217〕。這不但影響到該計劃的拓展工作，同時亦可能導致現有服務計劃的縮減，或可能要面對遣散危機。面對危機，鄰舍層面社區發展計劃的工作內容與形式亦作了相應調整，如工作開始轉向以提供服務為主，改善與該地房屋署及傳統居民組織的關係，管理日趨制度化與規範化等。此外，不少機構也作出多方面的嘗試，希望能在不同的社區工作領域中尋找到出路，這些領域包括婦女、新移民、勞工、鄉村、私人樓宇等。至1987年，政務署支持鄰舍層面社區發展計劃的工作可以擴展到三至六型公屋。政務署更是聘用私人調查公司，檢討鄰舍層面社區發展計劃的地區作用及成效，其工作包括公民教育、社區需要調查、資助小組、中心活動、康樂活動及義工訓練等。整體來說，鄰舍層面社區發展計劃有條不紊的在發展著，並為香港社區建設與發展起到重要推動作用。據1992年統計，共有十四間志願機構提供五十一各鄰舍層面社區發展計劃，為大約二十七萬人服務〔註218〕。

〔註215〕 Home Affairs Branch, Information Paper for Chief Secretary's Committee, Monitoring of Pressure Group Activities（Home Affairs Branch，11 April 1980）.

〔註216〕 梁祖彬：《社區工作的歷史源流及發展》，載於蘇景輝：《社區工作：理論與實踐》，臺北：巨流出版社，1990年，第70頁。

〔註217〕 《鄰舍層面社區發展計劃十五年——回顧與前瞻》，載於《社區發展資料彙編1993及1994》，香港：香港社會服務聯會，1994年9月，第38頁。

〔註218〕 梁祖彬：《社區工作的歷史源流及發展》，載於蘇景輝：《社區工作：理論與實踐》，臺北：巨流出版社，1990年，第73頁。

小　結

　　香港城市社區得以迅速地發展，並呈現繁榮局面，不光是歷史的必然，而且還與香港獨特的歷史人文地理環境有著深刻的、必然的聯繫。

　　香港的城市社區建設肇始於香港開埠，至今已有 100 多年的歷史，它在 20 世紀 70 年代得到迅速發展，期間經歷了不同的發展階段。

　　第一、1841 年～1904 年是香港社區建設萌芽時期。該期內其城市發展的格局得以形成，城市社區開始萌芽。華人社會與西人社會的一些社會組織在早期香港華人與西人社會中起到了保持社區穩定，改善社區生活條件和提高社區居民生活質量等方面起到社區建設的作用。不僅如此，這些社會組織亦承擔起早期香港城市社區建設探索的重擔，成為其早期社區建設的主體。因此，這些組織的誕生，標誌著香港早期社區建設意識的萌芽。而與之相對的是，港府對香港早期社區建設則是漠不關心。

　　第二、1905 年～1941 年是香港社區建設初步發展時期。至 20 世紀初期，香港都市與社區的格局基本形成。這為香港城市社區建設的初步發展奠定了堅實的物質基礎。而與此同時，香港社會的人口結構及經濟結構等皆發生了巨大的轉變。經濟社會的轉變導致新的社會組織的產生，新的社會組織承擔起社會整合的作用。而政府對於香港城市社區建設亦開始有所關注。如 1913 年成立的香港華民政務司署。然而，由於其侷限性，其作為社區建設的主體作用被大大削弱。除了基本服務外，政府並不重視基層居民工作。

　　第三、1942 年～1945 年是香港城市社區建設的萎縮時期。日占時期，前期得以初步發展的香港城市社區建設亦遭受重創，集中體現為承擔社區建設的各類社會組織被取締，致使其社會整合功能的喪失，包括承擔的社區教育、社區醫療等功能。

　　第四、1946 年～1966 年是香港系統社區建設時期。城市建設的復興帶動了城市社區建設工作的恢復。戰後，政府鼓勵民間力量為移民提供社會服務，直接推動成立了街坊福利會。街坊福利會不僅為社區居民提供多方面的救濟工作或慈善福利，而且還應該包括一些建設性的事業。街坊會提供的社會服務有助於戰後香港城市社區建設的恢復。社區中心的成立，標誌著香港系統社區建設工作的正式興起。港府設立的社區中心及推行的社區工作服務，對培養居民對社區的歸屬感及互助合作的精神起到了重要作用。不過，整體來說，政府對於社區工作仍感興趣不大。雖然社區工作已經開始建立，但社會

福利署對於社區工作似乎尚未有清楚的定義及發展計劃。

　　第五、1967 年～1978 年是香港社區建設快速發展時期。雖然新市鎮建設進一步拓展了其城市社會發展的空間，但是也帶來了一系列的社會問題。鑒於此，為幫助新遷徙到新市鎮居民適應新環境，港府在新市鎮內積極推行社區發展工作。不僅如此，港府受「六七暴動」的刺激，開始愈發重視香港社區工作。遂在政府層面成立了民政署及地區委員會、分區委員會及互助委員會的三層諮詢架構，積極地介入地方社區事務。但是由於互委會的侷限性，極易引起社區居民的反感，致使其在開展社區工作時成效不大。由此可見，港府雖然對於社區工作愈發重視，但其對社區工作的政策總體來看十分保守的，呈現出一種既希望開展的社區工作來緩和社會衝突，但又害怕民間組織力量的強大影響其統治的矛盾心理。

　　與此同時，社會福利署與志願機構合作開展的社區工作則呈現欣欣向榮局面。志願機構與社會福利署相繼在一些徙置區大廈內拓展社區發展計劃，推動社區居民的民主參與、自助和合作精神。不僅如此，社會福利署亦於 1973 年制定了全港社區發展的五年計劃，該計劃明確了以人口比例來發展社區中心、福利大廈及社區會堂，這極大促進了社區工作在香港的快速發展。

　　第六、1979 年～1991 年是社區建設新的發展時期。進入 20 世紀 80 年代，香港城市發展進入新的發展階段。港府在舊區清拆和重建方面制定了許多計劃，並付諸實施，極大促進了香港城市的快速發展。而與此同時，隨著社區建設運動的廣泛開展，也催生了新的社區建設計劃，即鄰舍層面社區發展計劃。

　　面對社會環境的改變帶來的危機，鄰舍層面社區發展計劃的工作內容與形式亦作了相應調整，如工作開始轉向以提供服務為主，改善與該地房屋署及傳統居民組織的關係，管理日趨制度化與規範化等。此外，不少機構也作出多方面的嘗試，希望能在不同的社區工作領域中尋找到出路。整體來說，鄰舍層面社區發展計劃有條不紊的在發展著，並為香港社區建設與發展起到重要推動作用。

第二章　香港城市社區的時空分布及差異分析

　　在城市開發進程的推動下，香港的地區發展與人口分布也不斷發生變化，帶動社區的分布也隨之產生明顯的時空差異，因此，對社區發展階段性和區域性的分析是瞭解香港社區地理變遷的關鍵所在，本節將從港島、九龍、其他區域三個主要地理分區具體討論不同類型社區時空分布變化及其特徵和形成這些特徵的原因。

　　不同類型的族群由於語言、文化信仰、生活習俗及當地政治政策等因素的差異，導致其在香港城市社區中的區域分布也存在著較大差異。20世紀以前，島上的華人與英人由於語言、文化、信仰等因素的隔閡，缺乏溝通，再加上各自在不同制度下生活，彼此乃保留著固有的風俗習慣與生活方式〔註1〕。港府又刻意把華人及西人的居住區隔離，人為形成涇渭分明的局面。

　　1843年，香港的華人新移民聚居在港島北岸的三個區域：上市場，即太平山、西營盤一帶；中市場〔註2〕，即中環街市對上山坡；下市場，即蘇杭街

〔註1〕　丁新豹：《香港早期之華人社會》，香港大學博士學位論文，1989年，第245頁。
〔註2〕　中市場較為複雜，因為它與歐人聚居的地帶毗鄰，港府在1843年進行城市規劃時把雅賓利渠道以東地域劃為軍部山區，其西的山崗，被命名為政府山，留給政府部門專用，西人的商店、住宅便只能循政府山以西拓展，然而華人聚居的中市場，包括閣麟街、結志街、歌賦街則堵住了西人向西擴展的方向，限制了西人聚居地的發展，而且該地又處於維多利亞城的核心，位置適中，為此，港府為香港城市未來的發展考慮，於是決定把原居中市場的華人，悉數遷移到太平山去。詳情參閱：Dafydd Emxys Evans, China Town: The Beginning of Tai Ping Shan.

一帶〔註3〕。而外國人主要聚居在域多利皇后街與花園道之間的區域，包括威
靈頓街、雲咸街、雪廠街在內的地區。1888 年通過的歐洲人專用地條例中規
定，堅道以上地區保留用作歐洲人住宅專用地；1902 年通過的第二個用地條
例又將九龍城和尖沙咀之間的地區劃給歐洲人專用；1904 年又將山頂劃為歐
人住宅專用地，富有的洋商與有身份的貴族在山頂區建築別墅，該區成為清一
色的洋人世界。20 世紀以後，這種種族分區而居的隔離制度才日漸式微，而
區域經濟發展及本土化意識的覺醒等則成為影響社區時空分布的主要因素。

　　總的來說，本章研究的實質是香港不同族群在不同時間所形成的社區空
間分布狀況及差異。基於此，本章從多個角度來開展研究，選取族群和職業
兩個角度來探討香港不同族群社區的空間分布狀況；而在時間剖面上根據不
同族群歷史演變特點則選取了不同的時間截點，如論述華人社區的時空分布
時主要選取開埠初期與 1961 年兩個時間點，而論述西人社區時則根據其族群
的發展特點選取另外不同的時間點。香港各族群社區的時空分布具體如下。

第一節　華人社區時空分布

　　華人是香港人口的主要組成部分。不同於西人在香港的集中分布，可以
說，華人遍布於香港地區的每一個角落，從港島的城市到九龍的商業區和工
業區，乃至新界的農田上都有華人分布。在分布如此廣泛的前提下，華人也
有相對集中的聚居點。從官方的人口統計來看，華人在香港島的維多利亞城、
筲箕灣；九龍地區的油麻地、深水埗、長沙灣和大角咀，以及新界的元朗、大
埔、屏山等地區都是人口比較密集的。香港的華人基本上是華人族群內部雜
居，尤其是在城市商業中心地帶。「由於華人一向有宗族觀念，他們遷移的落
腳點往往會受同族內先到香港的人的吸引而形成小聚居的局面。因此，近代
香港的外來華籍移民整體是分布廣泛，呈現雜居態勢，但內部也有廣府、客
家、福佬和疍民四大族群的小聚居點」〔註4〕。

一、廣府人社區時空分布

　　廣府人，本文討論的是狹義的廣府民系，即以廣州為中心分布於兩廣及

〔註3〕丁新豹：《香港早期之華人社會》，第 246 頁。
〔註4〕蘭靜：《近代香港外來移民與香港城市社會發展（1841～1941）》，暨南大學博
　　　　士學位論文，2011 年，第 106 頁。

港澳地區，以粵語廣州話為母語的族群。由於早期廣府人的具體地區的分區統計材料缺乏，對於開埠初期，廣府人建立的社區在香港具體地區的分布，我們無法確切地指明其具體的人口構成數目及具體街區的族群分布情況。但是，如前文所述，我們知道流入香港的人口絕大多數是廣府人，因此，我們只能合理地予以推測，大致梳理出廣府人在香港的分布情況。

香港開埠以後，許多從事苦力的工匠不斷湧入香港，且一直沒有間斷過，港府在 1841 年人口統計中列出「市場」有人口 800，據丁新豹的研究，「該市場是人口分布圖表內所列各聚落中唯一在開埠以後才形成的」〔註5〕。耆英也在致道光帝的奏章中提及：「該夷於近年以來，在土名裙帶路一帶，鑿山開道，建蓋洋樓一百餘所，漸次竣工，並有粵東無業貧民蛋戶，在該處搭蓋棚僚，販賣食物……已不止數千人」〔註6〕。由此可知，上面所提之「市場」乃是香港開埠以後新移民的聚居區。1842 年 5 月，港府在此開設了中環街市，該地遂成為華人聚居點的中心〔註7〕。及至 1844 年時，該市場的人口不斷增加，「新移民如潮湧至，蓋建的房子永遠不敷應用」〔註8〕，而「市場」的範圍也隨之拓展為上市場、中市場及下市場。我們可以從郭士立於 1844 年 4 月編製的人口普查表中看出。

表 2-1 1844 年香港人口普查〔註9〕

市場名		男（成年）	女（成年）	男（兒童）	女（兒童）	店鋪數量
上市場	主街	1000	28	38	117	110
	上街	170	39	7	26	22
	太平山	392	37	30	106	39
	西營盤	270	12	11	4	無數據
中市場	主街	529	4	24	無數據	49
	東街	590	44	26	75	73
	西街	622	38	35	201	71

〔註5〕 丁新豹：《香港早期之華人社會》，香港大學博士學位論文，1989 年，第 171 頁。

〔註6〕 《夷務始末》，卷 67，頁 1 下。

〔註7〕 丁新豹：《香港早期之華人社會》，香港大學博士學位論文，1989 年，第 171～172 頁。

〔註8〕 Pottinger to Stanley, 22nd January 1844, Great Britain Colonial office, Original correspondence: HongKong, 1841～，Series129/5.

〔註9〕 丁新豹：《香港早期之華人社會》，第 173～174 頁。

	街市	391	無數據	3	無數據	37
	新街	128	18	13	6	24
下市場	主街	220	6	4	4	31
	洋貨街	209	14	5	5	35
	街市	111	1	2	無數據	6
	東前街	153	12	7	無數據	35
總　　數		4786	253	205	539	581

上表的人口數據有幾點值得關注：

第一，1841 至 1844 年 3 年間，市場的總人口為從 800 人增至 5783 人，而據丁新豹研究，「此時港島其他地區的人口總和才是 5076 人，市場的人口已經超越了港島其他地區。這表明聚居於市場的新移民組成的華人社會已經發展成為港島上主要的華人社會了」〔註10〕。

第二，人口統計表中男女性別之比極不協調，整體來看，成年男女性別之比為 19：1，而幼童男女性別之比則出現倒置現象，比例為 1：2.6，而具體到各個分市場中，也有類似現象。成年男女性別比差如此之大，這表明初期華人社會大多孤身一人來港謀生，攜帶家眷者甚少，他們並不以香港為家，手中稍有積蓄或港中出現風波，便回到故鄉去，故人口流動性很大。女童性別比則出現倒置，更為奇特的是，上市場的主街與中市場的西街女童人數達到了 117 名與 201 名，而下市場的街市及東前街卻沒有女童。仔細分析發現，上市場的主街靠近今天水坑口所在區域，中市場的西街則在擺花街附近，（見圖 2-1 所示）這兩個區域是女童密集之處，也是早期香港的紅燈區，妓院林立。

丁新豹在其博士學位論文《香港早期之華人社會》中引用施其樂的研究，認為上市場是指太平山、西營盤一帶，即較西地區，主街即今天的摩羅上街及摩羅下街；中市場是今天中環街市對上的結志街、嘉咸街一帶；下市場是蘇杭街一帶〔註11〕。如圖 2-1 所示。

〔註10〕丁新豹：《香港早期之華人社會》，第 165 頁。
〔註11〕Chinese Settlement pp.26～32.

圖 2-1　香港開埠後華人新移民聚居區〔註12〕

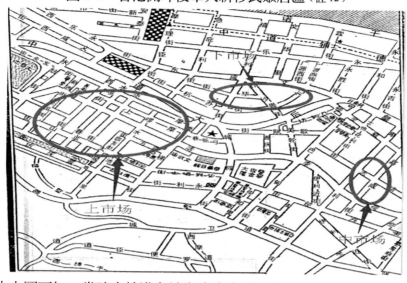

由上圖可知，當時由於港島填海尚未完成，蘇杭街與皇后大道以北一帶屬於海濱地帶。今天東至卑利街，西至西營盤、太平山，北至上環蘇杭街地區這一帶的範圍，即圖中紅圈所示地區，乃是開埠後新移民聚居所建立的住宅及商店區。而廣府人作為華人移民的主體，在香港開埠後其新移民聚居區也大概在此範圍內。

1844 年港府為了維護歐人的利益，把靠近西人社區的中市場的華人統一遷到上市場的太平山區，中市場附近隨即成為西人社會聚居區。（1859 年時，葡萄牙人在中市場南部形成以今天何李活商業大廈為中心的聚居區，如圖 4-1 所示。本文在後面有詳細論述葡人社區的空間分布，在此不詳細贅述。）而 1844 年之後，華人主要則聚居在西至西營盤、太平山，東至蘇杭街一帶的區域內。

雖然我們無法確切指明本地族群的具體分布位置和人數，但我們確切地知道他們採取聚族而居的集中分布模式。據張振江的研究，早期流入香港的華人普遍採用的是中國人傳統的分族群聚居的模式。即同一族群的人士居住在同一個街區，至少居住於同一棟房子；不同族群的人士不在同一個街區居住，至少不共同居住於同一棟房子。不過，他們雖然共同居住於這一區域，卻是分居：本地人居住於本地人開辦的客棧之類中，客家人居住於客家人開

〔註12〕筆者據施其樂研究中的數據繪製，底圖來源：《1955 年香港年鑑》第八回，
　　　　中卷之日用便覽，香港：華僑日報社出版社，1954 年 12 月。

－117－

辦的客棧之類中，並不相混〔註13〕。這種分族群聚居的模式，一直影響著華人社會區內廣府人社區在空間上的分布。及至 1961 年，廣府人在香港的空間分布如圖 2-2 所示。

圖 2-2　1961 年廣府人士分布示意圖〔註14〕

單位：人

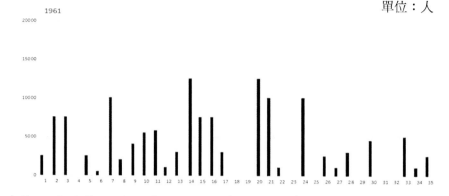

1. 中環　　2. 上環　　3. 西環　　　4. 半山　　5. 薄扶林　6. 山頂　　7. 灣仔
8. 香港仔　9. 大坑　　10. 北角　　11. 筲箕灣　12. 南區　　13. 尖沙咀　14. 油麻地
15. 旺角　16. 紅磡　　17. 何文田　18. 荔枝角　19. 長沙灣　20. 深水埗　21. 石硤尾
22. 九龍灣　23. 九龍城　24. 慈雲山　25. 佐敦谷　26. 觀塘　　27. 油塘　　28. 荃灣
29. 屯門　30. 元朗　　31. 上水／粉嶺　32. 大埔　　33. 沙田　　34. 西貢　　35. 離島

如上圖所示，可以得知以下幾點：

第一，1961 年時，廣府人在香港的分布在主要集中在港島的上環、西環、灣仔、大坑、筲箕灣、北角等區；九龍的油麻地、旺角、紅磡、深水埗、慈雲山、石硤尾，以及新界的沙田與元朗等地。

第二，廣府人在香港的分布比較廣泛，港島的上環、西環、北角、筲箕灣；九龍的旺角、紅磡及新界的沙田等區人口都在 5000 以上，而灣仔、油麻地、深水埗、九龍灣、慈雲山等區人口更是超過 10000 人。此外，中環、薄扶林、香港仔、大坑、尖沙咀、何文田、觀塘、荃灣、元朗及離島等區也有不少分布。

第三，與福佬、客家等族群相比，廣府人在香港的分布無異更廣，除石硤尾、慈雲山、筲箕灣等主要聚居區以外，廣府人也廣泛地分布於深水埗、

〔註13〕張振江：《香港開埠初期的華籍族群與族群關係》，載周大鳴、何國強主編《文化人類學新視野》，香港：香港國際炎黃文化出版，2003 年。

〔註14〕筆者根據薛鳳旋《香港發展地圖集》，香港：三聯書店（香港）有限公司，2001 年版，第 134～135 頁提供的數據繪製。

油麻地、灣仔等區,即是在華人較少分布的中環一帶,仍有不少廣府人士聚居。這一點也充分說明了廣府人士在香港社會中具有較高的地位,充當著華人社會領袖的角色。

二、客家人社區時空分布

前文已經分析過,客家人移居香港分為三個時期,在不同的時期,客家人移居香港時的分布稍有不同。

客家人移民香港開埠初期,客家人主要聚居在灣仔的洪聖廟與鰂魚涌以及港島西部的西營盤與石塘咀一帶。洪聖廟具體何時興建的,尚無確切年代〔註15〕。據施其樂牧師的研究,洪聖廟附近地區在開埠時已是一個華人聚居點。而該據點很有可能就是早期客家人聚居地之一,據洪聖廟現存的匾額上的文字記載,該匾額是樂邑人李光庭敬書,下款落有「樂邑□有光,於同治六年(1867)闔港眾信重修告立」,同年造的石柱刻有「香邑楊貽玖、樂邑李貞記」等字樣,另外泰源石店敬奉看樑、獅子、拱手、撐角等〔註16〕。這些文字記錄都說明此廟與採石及打石業有密切的關係,泰源石店本身即是一個與採石及打石相關的店號,而題字的李光庭,及奉捐的李貞記、□有光等都是樂邑人,即今之梅州五華人,五華則以打石為著稱。廣州的打石工人多是長樂人,香港初期的採石及打石業以長樂人居多,據此,洪聖廟的街坊中,可能有不少是從長樂來的石匠。可見,洪聖廟與打石行業聯繫之密切〔註17〕。

一般來說,寺廟或宗教場所是社區活動的中心,這不僅是物質上的因素,還有精神上的因素。客家人在香港島以洪聖廟為核心,分布在其周圍聚居而成社區。另外,從事打石業的客家人在港另一個聚集地點則是在鰂魚涌一帶。據鰂魚涌二伯公廟宇廟志記載:「光緒十五年(1889年),二伯公後人及本區坊眾建造本廟。二伯公本姓魏,乃粵之五華人也。據云曾徙異人遊,得其術,多行方便之事,鄉人得之」〔註18〕。由此可見,二伯公本身乃是客家人,其原先在鄉里多行方便之事,所以才贏得鄉人愛戴與擁護,客家人遷港之後,

---

〔註15〕據歐德理(Eitel)研究,洪聖廟在開埠以前已經存在,但是從1846年布魯士(Murdoch Bruce)繪製的灣仔石版畫中卻見不到該廟宇。

〔註16〕科大衛、陸鴻基、吳倫霓霞合編:《香港碑銘彙編》第二冊,香港博物館編製,香港:香港市政局出版社,1986年3月,第785頁。

〔註17〕丁新豹:《香港早期之華人社會》,香港大學博士學位論文,1989年,第363頁。

〔註18〕科大衛、陸鴻基、吳倫霓霞合編:《香港碑銘彙編》第二冊,第576頁。

自然而然也把其在原地的二伯公信仰帶來，以保平安。另外，從事打石業的客家移民，在港島的另一個集中聚居地是石塘咀和西營盤一帶。因為這裡不僅便於運輸，又有容易開鑿的大量的花崗岩。

我們知道，香港城市居民是由數以百萬計的外來移民組成的，而不同來源地和不同種族的移民也帶來了各種不同的宗教信仰。教堂和寺廟作為舉行宗教活動的物質載體，其必須建立在移民的聚居點上。因此，我們可以從宗教建築選址的分布，大致可以看出香港外來移民的聚居分布情況。下面以客家人信仰的基督教，香港崇真總會所屬各會堂（表 2-2）在港的分布情況，來探討客家人社區的空間分布狀況。

表 2-2　香港崇真總會所屬各會堂在港的分布情況表〔註19〕

堂會名稱	成立年份	所在地區	備　　註
救恩堂	1851	位於西營盤	
筲箕灣堂	1862	位於筲箕灣亞公岩	
旺角堂	1890	原址在土瓜灣	
深水埗堂	1897	位於深水埗	
崇謙堂	1903	位於粉嶺龍躍頭	
窩美堂	1905	位於西貢窩美村	
黃宜洲堂	1909	位於西貢黃宜洲	1980 年停辦
西貢堂	1947	位於西貢墟	
調景嶺佈道所	1951	位於調景嶺	1953 年停辦
十四鄉堂	1953	位於西貢十四鄉	1987 年停辦
葵湧堂	1956	位於荃灣葵湧	1973 年與荃灣堂合併
大埔堂	1959	位於大埔船灣	
荃灣堂	1963	位於荃灣	1973 年與葵湧堂合併
元朗堂	1966	位於元朗	
古洞佈道所	1966	位於上水古洞村	1975 年停辦
全葵堂	1973	位於荃灣	
沙田堂	1976	位於沙田	

由上表可知，信奉基督教的客家人主要分布在港島的西營盤與筲箕灣亞公岩一帶；在九龍則分布在深水埗與旺角土瓜灣一帶；而新界則分布在元朗、大埔、荃灣等地。這與客家語言在香港的分布圖基本一致。據李志剛在《香

〔註19〕引自香港基督教崇真會提供資料。

港客家教會的發展和貢獻》一文中指出：「從巴色傳道會在港建立的宣教事業，以及華人自理的崇真會歷年開辦的教會分析，早年教堂多在客家族群聚居的地區和村落開設基址。時至 1950 年代以後，則以國內來港的難民為對象。……」至於那些停辦的堂所，李志剛分析到，「多因社區轉型，或因客家村民移民外國工作，以使教會聚會人數減少所致」〔註20〕。19 世紀末，內地爆發的義和團運動，迫使廣東省內大批信奉基督教的客家人遷往香港避難，在新界建立不少客家人社區，其中最著名的當屬崇謙堂村〔註21〕。該時間段內客家人主要聚居在新界。及至抗日戰爭前，廣東的梅縣與惠州等地的客家人移居香港，這批客家人與前次稍有不同，他們大部分到市區打工謀生。

關於 20 世紀中後期香港客家人的分布，我們可以從客家語言使用及地區分布的數據來分析，來推測出客家人在香港的空間分布。客家人在香港的空間分布如圖 2-3 示。

圖 2-3　1961 年客家語言在香港的分布圖〔註22〕

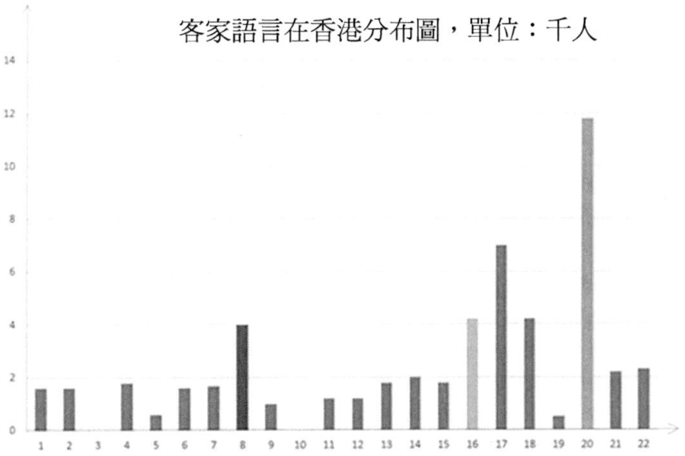

客家語言在香港分布圖，單位：千人

1.西環	2.上環	3.中環	4.灣仔	5.半山及薄扶林	6.大坑
7.北角	8.筲箕灣	9.香港仔	10.山頂	11.南區	12.尖沙咀
13.旺角	14.油麻地	15.何文田	16.紅磡	17.石硤尾	18.長沙灣
19.九龍塘	20.啟德	21.牛頭角	22.鯉魚門		

〔註20〕李志剛：《香港客家教會的發展和貢獻》，選自《香港客家》，桂林：廣西師範大學出版社，2005 年 9 月，第 141 頁。

〔註21〕（美）郭思嘉（Nicole Constable）著，謝勝利譯：《基督徒心靈與華人精神：香港的一個客家社區》，社會科學文獻出版社，2013 年 10 月。

〔註22〕筆者根據 1961 年香港人口普查數據繪製。

　　一般而言，一個人在家庭中使用的往往是其籍貫的方言，因此家庭語言的使用大致體現出其族群的類型。從上圖所示可以看出，客家人在香港的主要分布區域及其特點。

　　第一，客家人在港島的分布主要集中在筲箕灣，西環、上環、灣仔、大坑及北角也有分布，但都少於 2000 人。

　　第二，客家人在九龍半島則主要集中在啟德、石硤尾、長沙灣、紅磡、牛頭角及鯉魚門等區，啟德區的客家人口數更是超過了萬人。關於啟德區的客家人有如此之眾，筆者推測很可能與該區天主教傳教士早期在此興建傳教站、教堂及學校有關。據天主教教區檔案處的兩張地契：一張為 1865 年九龍碳廠龍海邊田的一張地契；另一張為 1869 年從劉南生兄弟買得的沙地園兩塊田的地契。1869 年，天主教會在九龍城附近海濱名為沙地園的地方建有兩間宿舍，作為傳教站和教堂。該教堂名為聖方濟各堂（St.Francis Xavier）。教堂附近的農田後來租給農民耕田蓋屋供超過 300 人居住。1930 年政府向教會收回該地以擴建啟德機場，教會要求政府以該地換一塊九龍城附近的地重建教堂、學校、宿舍。為此，政府撥出隔坑村道 10 號 NKIL.1461，並要求於 1931年內建成教堂，但教會因資金問題而一再延長，直至 1937 年才建成面積為150 坪得三層建築。設有學校，名為大名學校；二樓 88.4 坪為教堂，經常有四百教友；三樓 35.87 坪為神父宿舍。1937 年聖堂落成祝聖。起初由和靈道神父（Carmelo Orlando 1907～1979）駐守，顏思回神父（Andrew Granelli 1892～1976）當時為聖德肋撒堂主任，卻在大同學校校舍設有教理委員會。兩年後由唐多明神父（Domenico Bazzo 1906～1998）駐守，並且於該年內在主日開兩臺彌撒，即早上 6 時及 7 時半。直至日治時期，唐多明神父仍留守在那裡〔註 23〕。該地由於位置適中，自然成為了九龍區這一帶的傳教中心。而學校的建立，更是迎合了客家人的需要。據陸鴻基的研究，「香港開埠最初的二三十年是具有中英特色的教育體系初次接觸的時期。中國傳統的私塾、傳教士辦的教會學校和英政府辦的官立學校同時並存」〔註 24〕。於是，九龍半島的客家人以聖方濟各教堂為中心聚居，並慢慢的向四周拓展，至 20 世紀 60

〔註 23〕夏其龍：《香港客家村落中的天主教》，選自鍾文典總主編，劉義章主編：《香港客家》，桂林：廣西師範大學出版社，2005 年 9 月，第 166 頁。

〔註 24〕陸鴻基：《從榕樹下到計算機前——香港教育的故事》，香港：香港進一步多媒體有限公司，2003 年，第 33～34 頁。

年代時，人口達到如此之眾。

　　第三，客家人在港島的中環、山頂以及九龍的九龍塘等高尚住宅區幾乎沒有形成聚居點，這些說明了客家人在整個香港社會階層中位階不高。這種情形同樣在新界的農村也存在。「在新界，在說廣州話的農民（本地農民）聚居區附近，可以看到客家農民。客家農民歷史上居住於新界比較貧瘠和較受限制的邊遠地區或山區，如沙頭角和西貢區，而本地或當地農民則佔據了新界西北部衝擊平原較肥沃和開闊的土地，如元朗和錦田區。1949 年以來，有不少客家農民從內地移入香港，從本地農民那裡租地進行集約的蔬菜種植，例如在粉嶺和上水區」〔註25〕。

三、福佬人社區時空分布

　　福佬人最初在香港時和廣府人一樣混居於上環、灣仔以及銅鑼灣一帶。「在舊灣仔沿海便有汕頭街和廈門街的閩南人姊妹節，而銅鑼灣東角道本為苦力聚居之地，而苦力大多是潮汕人。後來隨著時間的轉移，閩南人和潮州人開始分道揚鑣。一部分福建人移居到西環，一部分轉入東區」〔註26〕，而潮汕人仍然以西區上環為主要聚居地。

　　港島西區的上環一直是潮州人的主要聚居區。這裡既有潮人開設的商行、店鋪，如元發行、乾泰隆行及南北行公所等，又有很多從事苦力勞動的謀生者。如早期來港創業的陳開泰，本是潮州沙溪一戶農家子弟，於 1845 年來港，初時，到小食攤檔當雇工，隨後在港島三角頭碼頭附近搭草僚，白天賣涼茶，晚上教書童。待稍有積蓄，便在文咸西街開設宜珍齋飲食店和宜珍齋餅店。由於物美價廉，生意蒸蒸日上。1848 年陳開泰在西營盤蓋了一座四層樓房，把宜珍齋改為富珍齋糕餅店，另外又設立富珍客棧，開始經營旅店業。此外，陳開泰又與澄海劉某、海陽林香溪合股創辦義順泰行，經營南北行進出口生意。陳開泰居港二十多年，其家族更是人才輩出，幼女陳舒志、孫子陳景瑞、陳煥夫皆是二十世紀初葉香港之碩彥〔註27〕。南北行的另一拓

〔註25〕趙子能、蘇澤霖主編；黃振國、陳銘勳等譯《香港地理》，廣州：廣東科技出版社，1985 年，第 144 頁。

〔註26〕潘耀明：《淺談香港的閩南文化——兼談春秧街的滄桑》，選自《閩南文化的當代性和世界性論文集》，福州：海峽文藝出版社，2015 年，第 274 頁。

〔註27〕陳啟川：《旅港潮商先驅陳開泰》，選自《潮州史志資料選編·海外潮人》，潮州：潮州市地方志辦公室，2004 年，第 17～19 頁。

荒者陳煥榮，澄海人。1851 年，其在元發行附近搭蓋棚屋建立乾泰隆行，作為他進行南北貿易的中轉站〔註28〕。元發行和乾泰隆行創立之初，現時中環海旁以西的華人聚居地，都是簡陋棚屋，這兩間商號的規模是空前的。他們一起大批量的進出口暹羅大米，開創了香港早期華人的主要商業，並且為此後華人的商業活動奠定了基礎，乾泰隆行成為今日香港最具悠久歷史的華人商店。〔註 29〕潮商作為香港商業貿易發展的重要推動者，早在香港開埠不久，他們便於今日之文咸西街一帶從事經營，直到現在〔註 30〕。我們可以從日占時期潮州商會重組的幹事登記表看出。如表 2-3 所示

表 2-3　日占時期潮州商會重組幹事登記表〔註 31〕

姓　名	住　　　所	職　　業
許友梅	香港西區文咸西街 14 號	貿易商
林拔中	香港西區昭和通 44～45 號 2 階（德輔道西）	雜糧商
馬澤民	香港西區文咸西街 48 號	貿易商
陳庸齋	香港西區文咸西街 27 號	乾泰隆行職員
陳守智	香港西區文咸西街 27 號	乾泰隆行司理
周臥屏	香港西區文咸西街 64 號	百德行司理
沈梓庭	香港西區西明治通 69 號 3 階（皇后大道西）	礦詰商
李芝敬	香港西區永樂西街 179 號	雜貨商
唐毓初	香港西區西住吉通 12 號 2 階（干諾道西）	帆船業
許志時	香港西區永樂西街 184 號	雜貨商
李琴芝	香港西區西昭和通 57 號 1 階（德輔道西）	雜貨商
劉鶴齡	香港中區中昭和 114 號（德輔道中）	豐昌順布莊司理
方慕鰭	香港中區永吉街 221 號 1 階	英華行司理
方業彬	香港西區文咸西街 42 號 2 階	四維公司職員

〔註 28〕 袁偉強：《陳黌利家族發展史及其社會功績》，選自《潮州史志資料選編·海外潮人》，潮州：潮州市地方志辦公室，2004 年，第 22～29 頁。

〔註 29〕 周佳榮：《香港潮州商會九十年發展史》，北京：中華書局，2012 年，第 39 頁。

〔註 30〕 湯秉達：《南北行業的今昔》，選自《香港潮州商會六十週年紀念特刊》，香港：香港潮州商會，1981 年，第 142 頁。

〔註 31〕 《潮州八邑商會有限公司基本定款及通常定款》，香港潮州八邑商會向香港佔領地總督部法院申報的文件，1944 年 7 月 10 日。

蔡聲端	香港西區文咸西街 37 號	貿易商
蔡勇義	香港西區文咸西街 18 號	榮豐隆行副司理
盧光武	香港西區文咸西街 10 號	隆興棧司理
陳映輝	香港西區文咸西街 27 號	乾泰隆行職員
廖寶珊	香港西區永樂西街 128 號	雜貨商
王遠猷	香港西區永樂西街 173 號	興發號司理
黃兆東	九龍青山區長沙灣道 132 號	菜籽商
張中耕	九龍鹿島區聯合道 2 號	亞興祥織造廠司理
李芝安	香港西區永樂西街 179 號	雜貨商
馬超雲	香港西區西明治通 34 號	雜貨商
葉樹梅	香港西區文咸西街 14 號	兆亨行職員
姚佑波	九龍湊區北京道 7 號 1 階	廣盛泰司理

從上表可以得出，截止到日占時期，居港潮人中無論是貿易商、雜貨商、各行司理，亦或是小職員大部分聚居在西區文咸西街一帶。如圖 2-4 所示。

圖 2-4　居港潮籍人分布圖

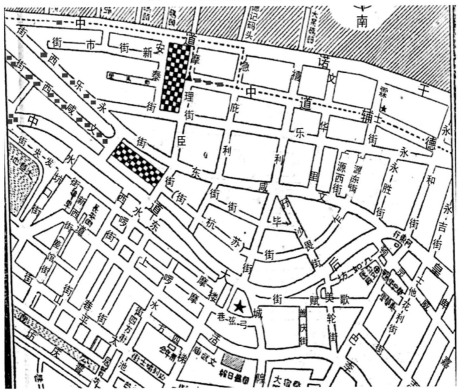

　　條件所限，我們雖然不能一一落實每個潮籍人士在港的居所，但是上圖仍有一定的代表性。一般來說，只有當方言集團從事空間上趨於集合的同樣行業或職業時，這種聚居區才能得以形成。所以，港島西區文咸街一帶就成為潮人的主要聚居區。香港《明報月刊》總編輯潘耀明亦指出：「上環基本是潮商人的天下，如銷售乾貨、參茸的南北行，當中也夾雜若干閩南老闆開的參茸行。早年專售潮州食品的潮州巷，已成為潮州人出沒的地方」〔註32〕。此外，在港島干諾道西三角碼頭與威林臣碼頭一帶也是潮僑聚居區。據《華僑日報》報導：「干諾道西三角碼頭一帶，為潮籍華僑聚居區域，每年農曆七月間，該處潮僑，均隆重舉行孟蘭勝會，情形頗為熱鬧，……」〔註33〕「孟蘭節雖為期已過，惟旅港潮籍人士，則方開始其超幽之準備，……期間已迫，故主會者刻已加緊籌備工作，其建壇超幽地點，將仍在干諾道西威林臣碼頭附近舉行，……」〔註34〕

　　19世紀40年代，顛地洋行拍得灣仔地皮，隨即在灣仔建設倉庫和碼頭，灣仔可以說是顛地洋行的基地。顛地洋行擁有龐大的貿易設備，雇傭了很多勞工。由於顛地洋行以經營茶葉為主，其公司的貨船亦時常來玩汕頭和廈門，據說顛地雇傭的勞工多從汕頭和廈門而來。相傳來港的第一批潮州勞工和福建勞工，都是在顛地洋行工作〔註35〕，故現在灣仔地區的大王東街與春園街之間建有汕頭街與廈門街。這是港島方面最早用中國地名作街道命名的兩條街道〔註36〕，而來自汕頭和廈門等地的勞工則不住在廈門街和汕頭街上，因為「汕頭街及廈門街是用來儲放從汕頭及廈門運來的貨物的，而在顛地洋行內工作的勞工，則居住在汕頭街以西的大王東街和大王西街上」〔註37〕。具體如圖2-5所示。另據筆者到灣仔作實地的考察，大王西街與大王東街因為其附近的洪聖王廟命名的，正是勞苦大眾聚居及小商販擺賣食物和日用品之地。

〔註32〕潘耀明：《淺談香港的閩南文化——兼談春秧街的滄桑》，選自《閩南文化的當代性和世界性論文集》海峽文藝出版社，2015年，第274頁。

〔註33〕《華僑日報》，1949年7月29日。

〔註34〕《華僑日報》，1949年8月27日。

〔註35〕夏曆：《香港東區街道故事》，香港：三聯書店（香港）有限公司，1995年5月，第24頁。

〔註36〕夏曆：《香港東區街道故事》，香港：三聯書店（香港）有限公司，1995年5月，第26頁。

〔註37〕夏曆：《香港東區街道故事》，香港：三聯書店（香港）有限公司，1995年5月，第26頁。

圖 2-5　灣仔道示意圖〔註 38〕

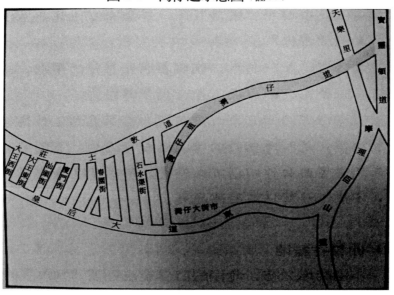

　　此外，在銅鑼灣東角的渣甸糖廠廠區內也有不少潮籍人聚居。據賴連山《香港紀略》記載：「糖房，曩日有潮人作工者，男女約六七百人，均潮陽籍，鄭、胡兩姓為多，亦餘十餘年之歷史。及民國十五年，省港罷工風潮發生，該糖房工人，工作停罷，而該糖房營業亦停，故無復工也」〔註 39〕。20 世紀 20年代末至 30 年代初期，居港潮人總數達到了三萬餘人，潮人除集中於南北行外，在九龍尖沙咀，潮州語言亦得以通行〔註 40〕。九龍廣東道與尖沙咀海防道也有不少潮籍人士分布。據記載：「廣東道一百八十號地下多為潮籍工人居住，昨三十一號晚，該潮籍人在此大演木頭戲，唱八音，屋內兼設賭局，尖沙咀水師差館聞訊，派差前往查搜，將十五人拘獲，詎潮人糾集七八百人，將警差等包圍，在樓上者用其飯碗飯盂茶杯等物飛擲街中，向警差猛擊，在路上者則用石亂擲，在屋內者亦將枱椅擲出，聲勢洶洶，令人驚慌，被拘獲十五人，竟欲連帶手扣逃遁，華探等以其人眾，難以一一緊執，只將其二人押於某號之樓梯底，餘則被其脫去，當時各人尚喊打喊殺，警差乃放槍八響，向天示威，有一人被流彈擊中，由胸部掠過，諒無大礙，至是各人始略為恐

〔註 38〕資料來源：夏曆：《香港東區街道故事》，香港：三聯書店（香港）有限公司，1995 年，第 1 頁。

〔註 39〕賴連山著、李龍潛點校：《香港紀略（外二種）》，廣州：暨南大學出版社，第66 頁。

〔註 40〕周佳榮：《香港潮州商會九十年發展史》，北京：中華書局，2012 年，第 69 頁。

慌，分地而逃，警弁乃押被拘之二人返警署，韓司判罰銀二十五元，計警員受微商者四人，失去手扣共四對云」〔註41〕。「九龍尖沙咀海防道潮僑街坊鄭伯雄、巫寶德、連俊斌、馬木海、顧丁城等，發起於農曆本月十五及十六日舉行孟蘭勝會，……」〔註42〕

及至1961年時，居港潮人的大概分布我們可以從圖2-6看出。

圖2-6　1961年潮籍人士在香港的分布圖〔註43〕

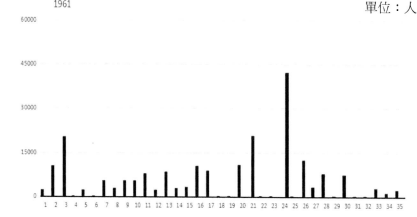

1. 中環　　2. 上環　　3. 西環　　4. 半山　　5. 薄扶林　6. 山頂　　7. 灣仔
8. 香港仔　9. 大坑　　10. 北角　　11. 筲箕灣　12. 南區　　13. 尖沙咀　14. 油麻地
15. 旺角　　16. 紅磡　　17. 何文田　18. 荔枝角　19. 長沙灣　20. 深水埗　21. 石硤尾
22. 九龍灣　23. 九龍城　24. 慈雲山　25. 佐敦谷　26. 觀塘　　27. 油塘　　28. 荃灣
29. 屯門　　30. 元朗　　31. 上水／粉嶺　32. 大埔　　33. 沙田　　34. 西貢　　35. 離島

上圖看出，在港島的西區（上環與中環）仍然是潮人主要聚居區，但是已經被慈雲山超過。而石硤尾、深水埗、觀塘、荃灣、元朗、何文田、紅磡、尖沙咀、筲箕灣等區，也有相當大的潮人聚居區。我們可以很看出，此時的潮人有明顯的向九龍，甚至是新界流動的趨勢。正如前文所闡述的，只有當方言集團從事空間上趨於集合的同樣行業或職業時，這種聚居區才能得以形成。在香港市區高房租的情況下，這種類型的聚居區變得日益困難。而與此相對的是，九龍的觀塘及新界的荃灣、元朗等區新工業布局已經展開，需要

〔註41〕《香港華字日報》，1926年2月2日。

〔註42〕《華僑日報》，1947年8月29日。

〔註43〕資料來源：筆者根據薛鳳旋《香港發展地圖集》，香港：三聯書店（香港）有限公司，2001年版，第130、134、135頁提供數據繪製。

大量的勞動力。

　　下面我們來探討屬於福佬人的福建人在港的分布。

　　香港開埠初期，來港經商的福建人總數不多，有逐漸增多的趨勢。他們多以經營家鄉土特產轉口、售賣藥材和船務，並集中於港島中上環的文咸東、西街，永樂東、西街一帶，又稱南北行街〔註44〕。如前文所講，到20世紀初期，香港才開始出現較多的福建籍貫的華人，而福建成為香港華人的主要流出地之一。

　　到了20世紀40年代的中、後期。受國內戰爭的影響，許多人從福建遷移到了香港，香港島上的北角一帶因為主要是福建移民居住，一度甚至被稱為「小福建」〔註45〕。而北角的春秧街則是小福建的中心地帶。春秧街的名字源於該地區的開發商郭春秧。郭春秧，福建同安人，十六歲遠渡南洋，學習機器製糖技術，後來成為當地四大糖商之一。20世紀20年代，郭春秧到港投資，成功投得北角發電廠旁的一塊土地，原本建設糖廠，後因省港大罷工及糖價下跌，郭春秧於是把該地塊用作開發房地產。最先在該地建成一排四十間的樓房，故春秧街又有「四十間」之稱。1930年港府為表彰郭春秧對該地開發與建設的貢獻，遂將該處的一條街命名為「春秧街」。「早期到港的閩籍人或閩籍南洋華僑遷入春秧街一帶，使這一帶成為閩籍人口高度密集中的中心地帶」〔註46〕，正因如此，居港福建人成立的最大社團組織——福建同鄉會設於此。福建同鄉會成立後，熱心幫助新移居的同鄉人士，使閩南語成為這一帶的通行語。此外，這時期的跑馬地與大坑也是閩籍人口的主要聚居區，基督教會香港閩南堂總堂亦設在跑馬地，分堂則設在北角和香港仔。

第二節　外國人社區時空分布

　　從總體上觀之，香港的外國人移民有一個集中的聚居地，但是在其內部還有小聚居的特點。尤其是一些人口規模比較大的族群，他們在這個大的外

〔註44〕南北行公所編纂：《南北行公所新廈落成暨成立八十六週年紀念特刊》，香港：香港南北行公所，1954年。

〔註45〕Guidin, G.E. 1977. "Little Fujian". Journal of the Hong Kong branch of the Royal Bittish Society, v.17.

〔註46〕潘耀明：《淺談香港的閩南文化——兼談春秧街的滄桑》，選自《閩南文化的當代性和世界性論文集》海峽文藝出版社，2015年，第275頁。

國人分布區內形成小聚居區。此外，在族群內部，不同的階級在空間地域上的分布也有很大差異。本節主要討論居港外國人人口中人口數量比較大的幾個族群，分別是英美人、葡萄牙人、印度人和日本人。

一、英美人社區時空分布

居港的英美人以英國人為首，他們到港後，自視是香港的主宰者，一開始就落腳在港島的中心維多利亞城，而居住區則在半山至山頂一帶的富人區。租借九龍之後，尖沙咀一帶也逐漸發展為歐洲人的居住區。具體分布如下。

（一）上層階級的分布

位於半山區的麥當奴道，與堅尼地道銜接，乃是歐美上層社會階層的高級住宅區。1888 年山頂纜車建成，使山頂住宅區得到快速發展。山頂空氣清新、環境優美，又遠離街市區的喧囂，故西人專門把它劃為西人專住區。此後，香港發生鼠疫災害，西人更是以衛生為由，阻止華人居住在山頂。1904 年時港府又通過山頂（專用區）條例，禁止任何人將山頂的房子租給華人，唯一豁免的是傭人和轎夫，其他華人如需要住進去的話，須向港督提出申請。直到 1946 年，這項法例才被取締，自香港開埠百年來，也只有富甲一方的何東家族與身份顯赫的宋美齡被允許住在山頂〔註47〕。

1842 年，一名美籍商人（Charles Van Megan Gillespic）已經在今天環保資源中心地帶建了一間共有六個房間及築有大陽臺的大宅〔註48〕。此後，灣仔海邊由顛地洋行投得地權，從摩利臣山以西，到灣仔洪聖廟海邊一帶，都是顛地洋行所在地。顛地在海邊不僅修建了碼頭、貨倉，而且還在地勢較高的山邊，修建華麗的花園住宅，並命名為春園。該花園住宅成為開埠初期七、八年間主要的社交場所，很多外國大商家來香港，都住在春園內，春園的聲譽比銅鑼灣渣甸洋行大班馬地臣的住宅還要明亮，因為春園建築華麗，有中國風格，而且交通方便〔註49〕。1848 年第三任港督般咸抵港後，因官舍尚未興建，便從春園中租來一座大宅作暫居之用。

〔註47〕 王賡武主編：《香港史新編（上冊）》，香港：三聯書店（香港）有限公司，1997 年 5 月，第 175 頁。

〔註48〕 資料來源：香港政府檔案處網站 http://www.grs.gov.hk/ws/sc/ps_online_exh. htm#。

〔註49〕 夏曆：《香港東區街道故事》，三聯書店（香港）有限公司，1995 年 5 月，第 23 頁。

進入 20 世紀，一些原居於灣仔較富有的居民（以歐籍人士為主）開始遷至堅尼地道一帶，灣仔後方的山坡亦漸漸出現一些大宅式歐籍人的民居〔註 50〕。

（二）中下層階級的分布

居港英美人的中下層階級包括海員、水兵及小職員等，其主要分布如下。

我們可以從開埠初期海員與水兵的活動地點來推測其具體的分布。當時，港島海員主要住在西營盤（現七號警署所在位置）及中環擺花街與荷里活道。當時，港府為設法阻止海員外逃，除訂立法例之外，並盡力改善海員的生活環境。故在西營盤的七號警署現址處，建造了一座海員宿舍，港人稱之為「些剌堪」。英文譯為 SAILOR HOME。另外，據夏曆《香港東區街道故事》研究發現，開埠初期的酒吧以及供海員與水兵消遣的場所，多設在中環擺花街與荷里活道。及至 20 世紀 30 年代，這些「些剌堪」與酒吧先後搬到灣仔口來，由因該處接近海軍船塢，港府在此處建了海軍俱樂部，於是接近這兩所專為海員與海軍而設的建築物的一段駱克道與分域道，就成為了海軍與海員經常出沒之區了〔註 51〕。因駱克道新建樓宇較多，租鋪較易，當時海運相當發達，來港的洋船很多，各國水兵和海員都集中在灣仔一帶活動，酒吧生意很旺，於是越開越多，漸漸形成一個酒吧區〔註 52〕。此外，駐港英軍軍營設在雪廠街一帶，即現時的士丹利街一帶，該處又設有一間軍醫院，可見該區乃是陸軍軍人主要生活區。

香港開埠初期，西人官員很多攜眷而來，亦有很多西洋歌女和妓女來港謀生，這些西洋女子，被人稱之為「紅毛嬌」，她們常常出現在夾在皇后大道中、士丹利街、威靈頓街之間的一條小巷子裏，該巷子因這些紅毛女的出現，而被稱為「紅毛嬌街」〔註 53〕，而巷子兩旁都是布鞋檔和訂造皮鞋的攤檔，一般來說，女子對鞋子一向比男人更加重視，她們經常來補鞋與修鞋或訂造新鞋，是以常雲集於巷口。因此，當地港人才把這條小巷稱為「紅毛嬌街」〔註 54〕。由此可見，開埠初期，不少中下層的西人女子在此居住生活，形成

〔註 50〕資料來源：香港政府檔案處網站 http://www.grs.gov.hk/ws/sc/ps_online_exh.htm#。

〔註 51〕夏曆：《香港東區街道故事》，香港：三聯書店（香港）有限公司，1995 年 5 月，第 64～65 頁。

〔註 52〕夏曆：《香港東區街道故事》，第 65 頁。

〔註 53〕夏曆：《香港中區街道故事》，第 24 頁。

〔註 54〕夏曆：《香港中區街道故事》，第 24～26 頁。

了一道獨特的風景。

　　基督教及羅馬天主教會在灣仔建立教會之後，吸引一些歐籍人數在灣仔定居。他們主要來自當時香港歐人社會中的低下層，其中包括不少警察、獄吏及政府裏的下層文職人員。20 世紀之後，隨著九龍的開發，大部分居住在灣仔的歐籍人士逐漸遷往九龍〔註 55〕。

（三）從教堂的分布看英美人社區分布

　　一般而言，教堂以社區活動的中心而存在的，這既是物質上的因素，又是精神上的因素。香港作為一個典型的移民城市，不同種族的移民帶來了不同的宗教信仰，而教堂作為舉行宗教活動或營造社區居民社區感行動的物質載體，其必須建立在移民的聚居點上。因此，我們可以從教堂的選址，大致可以推測出居港英美人的聚居分布情況。下面以英美人信仰的基督教與天主教的各主要教堂在港的分布情況，來探討居港英美人社區的空間分布情況。

　　①聖約翰教堂，於 1849 年落成，位於中環花園道。

圖 2-7　聖約翰教堂圖〔註 56〕

　　上圖顯示大教堂的北部設計屬於哥特式建築風格特點，與鐘樓上面的主入口，大教堂已經完成。1849 年作為維多利亞新建教區而建立的教堂。聖約翰座堂附近為美利操持和柏拱行等著名建築。

〔註 55〕資料來源：香港政府檔案處網站 http://www.grs.gov.hk/ws/sc/ps_online_exh. htm#。

〔註 56〕圖片資料來源：香港歷史博物館：St. John's Cathedral （聖約翰座堂），香港歷史博物館，1870 年，館藏編目號碼：PH67.031。

②中環會督府，於 1848 年落成，位於政府山上位於下亞釐畢道一號。聖公會會督府位於下亞釐畢道一號，建於一八四八年，屬刁陀復興式建築，曾為聖保羅書院校舍，現為聖公會主教香港辦事處。

圖 2-8　會督府〔註 57〕

開埠初期，英國人在政府山上大興土木，除建設行政機關外，亦在政府山上之西面興建會督府、聖保羅堂等宗教設施。1848 年落成的會督府既是聖公會主教的府第，亦是聖公會第一間教會學校聖保羅書院的所在。

③伯尼大修院，於 1875 年落成，位於薄扶林香港大學演藝學院。

圖 2-9　伯尼大修院圖〔註 58〕

〔註 57〕圖片資料來源：Hong Kong: S. K. H. The Bishop's House（聖公會會督府），香港中央圖書館 5／F 地圖圖書館，2003 年，館藏編目號碼：PHPH050211。

〔註 58〕香港建築中心編著：《十築建築——我最愛的香港百年建築》，香港：三聯書店（香港）有限公司，2015 年，第 57 頁。

　　伯大尼教堂由法國巴黎外方傳教會於 1875 年建造，用作收容老弱傳教士
的療養院，並支持傳教士前往中國內地傳教。傳教士在教堂學習中文，為日
後從事翻譯及出版工作作好準備。在日佔時期（1941～1945 年），日軍佔領教
堂部分範圍。大陸解放後，不少傳教士離開中國，並入住伯大尼教堂。教堂
在 1975 年關閉。港府在 1978 年把教堂租予香港大學，現為香港大學演藝學
院原址所在。伯尼大修院由教堂、療養院和雇工區三部分組成，供在遠東地
區患病的傳教士修養。

　　④山頂教堂，於 1880 年建成，位於山頂道與歌賦山道交匯。

圖 2-10　山頂教堂示意圖〔註 59〕

　　正如照片顯示，我們可以看出這是位於山頂的小教堂。位於山頂道與歌
賦山道交界處，教堂於 1880 年左右建成時，山頂住宅的人數逐漸增加，其主
要為聖公會和其他新教信徒提供禮拜場所〔註 60〕。只是在每個星期天對信眾
開放。山頂教堂一直服務到 1941 年。

　　⑤夏愨道舊海軍教堂，位於夏愨道，現夏愨道消防局附近。如圖 2-11 所
示。

〔註 59〕圖片資料來源：政府新聞處：The Peak Church＝山頂教堂，政府新聞處圖片
　　　　資料室，1890 年，館藏編目號碼：PH64.373。
〔註 60〕政府新聞處：The Peak Church＝山頂教堂，政府新聞處圖片資料室，1890 年，
　　　　館藏編目號碼：PH64.373。

圖 2-11　舊海軍教堂示意圖〔註61〕

⑥天主教聖母無原罪主教座堂，1842 年落成於威靈頓街，至 1888 年時，又在半山堅道建立新址。如圖 2-12 所示。

圖 2-12　天主教聖母無原罪主教座堂圖〔註62〕

　　由上圖可知，現今之天主教聖母無原罪主教座堂已藏身高樓大廈叢中，似乎很渺小。其實該座堂是羅馬天主教香港教區最大的聖堂，早於 1842 年建於威靈頓街的舊址更是香港教區第一所聖堂。至 1888 年時，新座堂在半山堅道興建而成，與聖公會督府比鄰相望，離較遠的政府山、港督府也只是數街之隔。這也充分反映了羅馬天主教與殖民地政府的密切關係。

〔註61〕圖片資料來源：政府新聞處：Old Naval Chapel, Harcourt Road（夏愨道舊海軍教堂），政府新聞處圖片資料室，1974 年，館藏編目號碼：PH070027。

〔註62〕香港建築中心編著：《十築建築──我最愛的香港百年建築》，香港：三聯書店（香港）有限公司，2015 年，第 58 頁。

⑦玫瑰堂，約 1915 年時落成，教堂原址為尖沙咀嘉諾撒修院。如圖 2-13
所示。

圖 2-13　漆咸道上諾士佛臺、天文臺、玫瑰教堂（左）和
　　　　　槍會山（右）圖〔註63〕

九龍尖沙咀玫瑰堂建設目的是為駐九龍英兵中的天主教徒提供彌撒場
所。教堂原址在嘉諾撒修院，由葡籍教友甘曼斯博士出資興建。

⑧尖沙咀聖安德烈教堂，於 1904 年 12 月建石基，1905 年落成，1909 年
牧師住宅建成。位於尖沙咀彌敦道 138 號。如圖 2-14 示。

圖 2-14　聖安德烈教堂圖〔註64〕

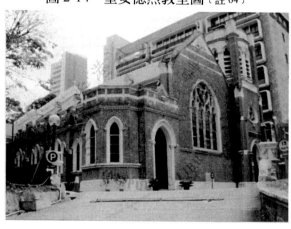

〔註63〕圖片資料來源：政府新聞處：漆咸道上諾士佛臺、天文臺、玫瑰教堂和槍會
　　　　山全景，政府新聞處圖片資料室，1908 年，館藏編目號碼：PH585.104。
〔註64〕圖片資料來源：St. Andrew's Church at Tsim Sha Tsui（尖沙咀聖安德烈教堂），
　　　　香港地方十八區館藏，2003 年，館藏編目號碼：PHMLP086 。

⑨聖德肋撒堂，1930 年落成，位於九龍太子道 258 號。如圖 2-15 所示。

圖 2-15 聖德肋撒堂〔註65〕

20 世紀 30 年代，比利時籍建築師尹威力（VAN WYLICK）開發太子道西為歐式洋房小區，而聖德肋撒堂處於該洋人社區的中心地帶，受花地瑪聖母及聖女小德守護，主要為戰前北九龍的葡籍及其他歐籍社群的天主教徒服務〔註66〕。

由此可知，我們可以繪製出以上各教堂在港島與九龍的分布示意圖，詳情如圖 2-16 與 2-17 所示。

〔註65〕香港建築中心編著：《十築香港——我最愛的香港百年建築》，香港：三聯書店（香港）有限公司，2015 年 7 月，第 62 頁。

〔註66〕香港建築中心編著：《十築香港——我最愛的香港百年建築》，香港：三聯書店（香港）有限公司，2015 年 7 月，第 62 頁。

圖 2-16　各主要教堂在港島的分布圖〔註67〕

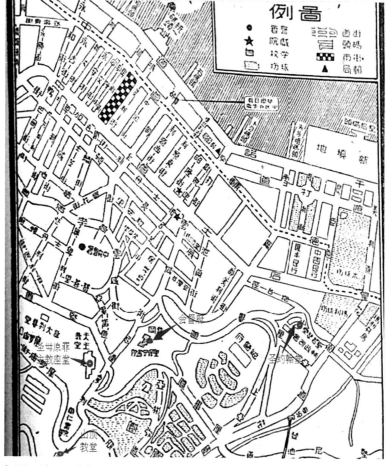

　　由上圖可知，我們可以大致推測出居港英美人社群在港島的空間分布特點：東北部以聖約翰座堂為中心，包括遮打道、美利道、皇后大道中及花園道，該區不僅有輔政司署、瑪利兵房等英人工作的機構，又有木球場與瑪麗球場等娛樂場所。西部以聖母原罪主教座堂與聖公會會督府為中心，包括雲咸街、忌連拿街、亞畢諾道、堅道、亞彬亞道、上亞釐畢道、麥當奴道、堅尼地道及寶雲道等街區。該核心區內成為英美西人的主要生活聚居區，因為該區內不僅有教堂、公園分布，亦有中區警署、聖保羅書院及輔仁書院等與居民生活密切相關的部門設立。不僅如此，貫穿堅尼地道、麥當奴道、寶雲道及山頂道的電車已經開通，交通非常便利。此外，在山頂亦有不少英人居住，

〔註67〕底圖來源：《1955 年香港年鑒》第八回，中卷之日用便覽，香港：華僑日報社，1954 年 12 月。

因為山頂教堂地處山頂道與歌賦山道交匯處，也是為山頂英人提供彌撒服務而設置的。

圖 2-17　各主要教堂在九龍半島的分布圖〔註 68〕

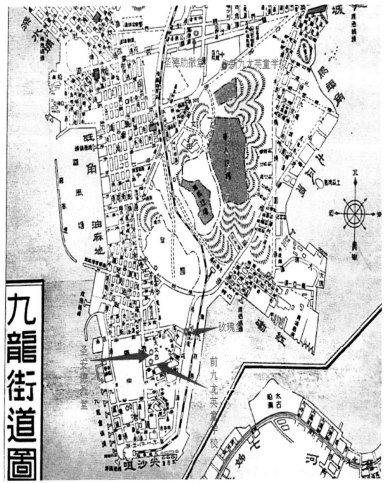

由上述材料可知，從時間上看，英美人開始在九龍大量聚居始於 19 世紀末 20 世紀初，在該時期內不僅建立了用於開展宗教活動的聖安德烈堂、玫瑰堂等教堂，還於聖安德烈堂南側建立專供英人兒童讀書的前九龍英童學校。及至 20 世紀 30 年代，隨著英人的逐漸增加，又於太子道 258 號建立了聖德肋撒堂，與此同時，於該教堂附近之九龍醫院東側亞皆老街設立了新九龍英童學校。當時《香港工商日報》曾以「九龍英童學校進行建築」為題進行有報

〔註 68〕底圖來源：薛鳳旋：《香港發展地圖集》，三聯書店（香港）有限公司，2001年 2 月，第 81 頁。

導：「據憲報登載，政府現招人投票承辦鋪填九龍英童學校地基工程，估計全校建築需費七十五萬元，劃定年內用以鋪填地基之費為六萬元。查新校址在九龍醫院之東，全校落成後，將分為高中兩級，校內有校長室、足球場、網球場、花園、木球場等，將為最完滿之學校云」〔註69〕。

從空間分布來看，居港英人在九龍半島的分布呈現集中聚居的特點，九龍半島南部形成以聖安德烈堂、前九龍英童學校及玫瑰堂為中心的英人聚居點，包括彌敦道南段、柯士甸道、金巴利道及漆咸道等街區；北部則形成以聖德肋撒堂與新九龍英童學校為中心的英人聚居點，包括九龍塘、何文田等社區。九龍塘與何文田亦是九龍半島的中高檔社區，不僅有眾多富有的西人在此居住，而且很多殷富華僑在此居住。中西混居且由於中西生活方式的差異，致使衝突時有發生。當時報紙曾以「夜深犬吠中西人訴訟」為題進行報導：「九龍塘花園城，俱屬殷富華僑所居住，多數蓄犬自衛，西人居此者，每因一犬吠，謂有擾其清夢，徑屢與華人住客發生訴訟。前星期六日，有一西人名乃路臣者，聖保羅書院教員，居於九龍塘金馬倫道，控告犬主即寓金馬道五十九華人住客少年名曰A陳者，謂陳氏蓄有犬五頭，於本月一號至十六號之間，每晚由九時至天明，猖猖不已，實有擾人清夢，案由九龍裁判司士茂夫君提審，原告乃路臣君，上證人臺指正畢，復傳一西人同居及一侍役何忠上堂作證，被告陳某在公堂用英語侃侃自辯，不下數千言，略謂犬吠各家均有，但原告所謂夜深所犬吠之犬，則並非餘所蓄之犬云，後卒由官警戒曉解」〔註70〕。

二、葡人社區時空分布

前文已經論述過，居港葡萄牙人是西人移民中較為特殊的一支，相較於其他西人群體，他們對香港的歸屬感較強，很早在香港建立自己的社區。早期居港葡人主要聚居在港島半山區一帶；至19世紀末時，居港葡人開始聚居在九龍車站與尖沙咀一帶，而九龍塘則成為葡萄牙人中產階級的另一個聚居地；及至20世紀，居港葡人在香港的分布比較均衡，港島的羅便臣道整個西山及西營盤一帶都有葡人聚居。居港葡人在香港的聚居分為兩個時期，一是港島時期；二是九龍時期。

〔註69〕《香港工商日報》，1930年4月21日。
〔註70〕《香港工商日報》，1930年4月21日。

（一）港島時期

我們對 1859 年遷居香港的葡人在空間上的分布做了一些簡單梳理，由於資料所限，雖不能完全呈現早期居港葡人在香港的空間分布，但仍具有一定的代表性。具體如下表 2-4 所示：

表 2-4　1859 年遷居香港的葡萄牙人在香港的分布 〔註71〕

姓　名	職　業	住　處
阿爾維斯（Alve, A.F.）	職員	歌賦街
羅朗乜（Noronha, J.）	職員	歌賦街
歐佐利奧（Ozório, C.A.Jr）	職員	歌賦街
羅扎（Roza, S.V.）	職員	歌賦街
阿澤維多（Azevedo, F.H.d）	職員	些利街
阿澤維多（Azevedo, L.d & family）	排字工人	些利街
阿澤維多（Azevedo, A.d）	排字工人	些利街
巴拉達斯（Barradas, F.C）	排字工人	些利街
巴拉達斯（Barradas, D.J.）	職員	些利街
柯士達（Costa, N.T.da & family）	職員	些利街
馬爾薩（Marcal, H.）	職員	些利街
巴拉達斯（Barradas, A.V.）	職員	柯士華爾特臺
巴拉達斯（Barradas, V.）	排字工人	柯士華爾特臺
羅朗乜（Noronha, D.）	印刷商	柯士華爾特臺
羅朗乜（Noronha, H.L.）	職員	柯士華爾特臺
羅朗乜（Noronha, J.）	職員	柯士華爾特臺
席爾維拉（Silveria, F.C.P.）	職員	柯士華爾特臺
巴萊托（Barreto, J.）	店主	皇后大道
罷辣架（Braga, J.J.）	藥房與藥劑師	皇后大道
罷辣架（Braga,.C.）	蘇打水製造商	皇后大道
罷辣架（Braga,.V.）	蘇打水製造商	皇后大道
布蘭當（Brandão, J.G.）	職員	皇后大道

〔註71〕本表根據葉農著《渡海重生：19 世紀澳門葡萄牙人移居香港研究》，北京：社會科學文獻出版社，2014 年 10 月，第 123～127 頁所提供的材料編製。

布裏托（Britto, J.L.）	配藥師	皇后大道
羅扎（Roza, F.）	配藥師	皇后大道
雷梅迪奧茲（Remédios, F.dos）	職員	皇后大道
雷梅迪奧茲（Remédios, Sabino）	職員	皇后大道
蘇亞雷斯（Soares, F.P. & family）	店主	皇后大道
索扎（Souza, G.S.）	職員	皇后大道
徐沙士（Jesus J.J）	配藥師	皇后大道
巴萊托（Barreto, J.A.）	職員	奧卑利街
鮑雷（Boulle, N.）	麵包師	奧卑利街
阿奎諾（Aquino,. B.de）	職員	奧卑利街
馬葵士（Marques, Pio）	職員	奧卑利街
施利華（Silva, F.）	職員	奧卑利街
施利華（Silva, L.J. & family）	職員	奧卑利街
雷梅迪奧茲（Remédios, F.dos）	職員	奧卑利街
阿奎諾（Aquino, M.J.d）	職員	荷里活道
卡瓦略（Carvalho, L.F.）	職員	荷里活道
卡瓦略（Carvalho, M.de）	職員	荷里活道
卡瓦略（Carvalho, J.A.de）	職員	荷里活道
奧馬達（Castro, LdAlmada e）	職員	荷里活道
古提厄勒茲（Gutierrez, V.）	職員	荷里活道
古提厄勒茲（Gutierrez, L.J.）	商人	荷里活道
馬葵士（Marques, C.V.）	職員	荷里活道
雷梅迪奧茲（Remédios, A.A.dos）	職員	荷里活道
雷梅迪奧茲（Remédios, J.A.dos）	職員	荷里活道
雷梅迪奧茲（Remédios, J.C.dos）	職員	荷里活道
羅馬洛（Romano.A.G.）	職員	荷里活道
坎波茲（Campos, J.P.）	職員	士丹利街
柯士達（Costa, J.P.da）	職員	士丹利街
俾利剌（Pereira, Igno.D`Almeida）	職員	士丹利街
俾利剌（Pereira, E.F.）	職員	士丹利街
坎波茲（Campos, E.P.de）	職員	卑利街

官也（Cunha, J.da）	職員	卑利街
徐沙士（Jesus J.G..., de）	職員	卑利街
魯茲（Luz, J.da）	排字工人	卑利街
高利亞（Corea, J.M.）	職員	皇后街
高利亞（Corea, M.A. & family）	職員	皇后街
柯士達（Costa, Daniel A.da）	職員	皇后街
司爾弗（de Silver, H.T.）	船具商	皇后街
司爾弗（de Silver, R.P.）	船具商	皇后街
司爾弗（de Silver, Geo.P.）	船具商	皇后街
司爾弗（de Silver, Frank）	船具商	皇后街
司爾弗（de Silver, Chas.,Jr.）	職員	皇后街
司爾弗（de Silver, Edwin.）	職員	皇后街
高美士（Gomes, F.A.）	職員	皇后街
貢薩爾維斯（Goncalves, C.J.）	職員	皇后街
佐治（Jorge A.）	職員	皇后街
佐治（Jorge D.）	職員	皇后街
俾利剌（Pereira, J.）	客棧主	皇后街
俾利剌（Pereira, A.G.）	客棧主	皇后街
克魯茲（Cruz.F.F.de）	印刷商	威靈頓街
古提厄勒茲（Gutierrez, A.）	職員	威靈頓街
徐沙士（Jesus L.G.J.）	排字工人	威靈頓街
雷利亞（Leiria, António）	職員	威靈頓街
雷利亞（Leiria, Hemelgidio António）	職員	威靈頓街
彼亞多（Pegado, A.M.）	排字工人	威靈頓街
查加茲（Chagas, F.de）	職員	閣麟街
歐佐利奧（Ozório, C.J.）		閣麟街
羅扎（Roza, M.da, & family）	印刷商	閣麟街
羅扎（Roza, A.B.da）	職員	閣麟街
索扎（Souza, C.de.）	職員	閣麟街
古提厄勒茲（Gutierrez, R.F.）	職員	嘉咸街
古提厄勒茲（Gutierrez, Q.A.）	職員	嘉咸街

羅佩茲（Lopes, Pedro）	職員	海軍船塢
羅佩茲（Lopes, Joze P.）	職員	海軍船塢
索扎（Souza, R.D.）	配藥師	鴨巴甸街
歐德羅（Outeriro.J.M.do）	職員	東角

由上表可得出以下幾點：

第一，早期居港葡人主要聚居區大致如下：北至延皇后大道一線，南至堅道與些利街一帶，西至城隍街與永利街一帶，而東至威靈頓街與士丹利街一帶，包括卑利街、嘉咸街、士丹頓街、奧卑利街、歌賦街、結志街、閣麟街、鴨巴甸街、伊利近街，以及皇后大道、荷里活道等在內，這些街道在香港歷史上都有相當的知名度。具體如圖 2-18 紅色方塊所示。

第二，居港葡萄牙人是一個家庭型社群，一般是聚族而居，因而在香港形成了一些葡萄牙人社區。如分布集中在皇后街的司爾弗（de Silver）家族、皇后大道的罷辣架（Braga）家族、些利街的阿澤維多（Azevedo）家族、柯士華爾特臺的羅朗乜（Noronha）家族、荷里活道的古提厄勒茲（Gutierrez）家族等。這些家族對於香港城市的開發做出很大的貢獻。如古提厄勒茲三兄弟投資開發羅便臣道與摩羅廟街交界處的地塊。羅便臣道是在太平山上，海邊較高。古提厄勒茲兄弟在摩羅廟街和羅便臣道之間的摩羅區興建小型出租屋，提供給中下層的葡萄牙職員居住〔註 72〕。罷辣架亦指出：「與堅道平行而上的是後來規劃的羅便臣道。在那個區域的羅便臣道與摩羅廟交界處，古提厄勒茲兄弟獲得了一些地產。在此，他們按適當的面積，建築了一些住宅，用於向葡萄牙籍的職員們出租……」〔註 73〕

〔註 72〕 Silva, António M. Pacheco Jorge da, The Portuguese Community in Hong Kong: A Pictorial History, Macau: Conselho das Comunidades Macaenses; Instituto Internacional de Macau, 2007, p.36.

〔註 73〕 Braga, José Pedro, "Portuguese in HongKong and China: Their Beginning, Settlment and Progress During One Hundred Years," Renascimento, 1944, Macau: Fundacão Macau and Mar-Oceano, 1998, p.224.

圖 2-18　居港葡人在港島分布圖〔註74〕

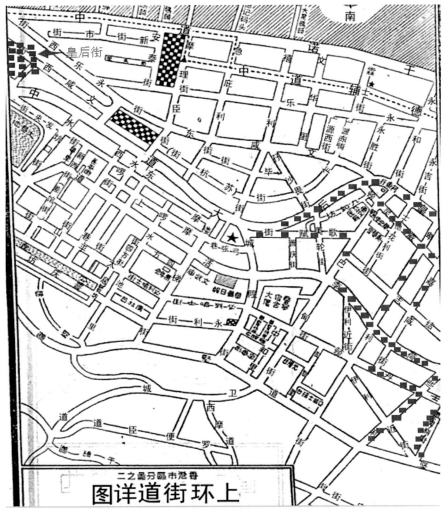

從上圖居港葡人社區的分布範圍來看，主要集中在兩個區域內，一是皇后街；二是集中在北至皇后大道中，南至堅道，西至歌賦街，東至奧卑利街的範圍內。這與國外學者描述的居港葡人的生活圈子基本一致。如施利華指出：「在香港的葡萄牙人有一個為了安排生活而聚居在一起的趨勢。他們最初聚合在半山區的一個特殊環境的區域，後來這裡成為葡萄牙人街區。這個街區被稱為『Mato de Moro』（Indian Fields），其取名來自於摩羅廟交加街（Mosque Junction）」區裏大型的穆斯林清真寺。港島的庇利羅士地臺

〔註74〕　筆者根據表 2-4 提供數據繪製，底圖來源：《1955 年香港年鑒》第八回，中卷之日用便覽，華僑日報社，1954 年 12 月。

（Bililios Terrace）、卑利街、堅道等都具有相同情況」〔註75〕。學者葉農也認為，「該街區是葡萄牙人在香港島的第一個街區。『Mato Moro』一詞，由葡萄牙文『Mato dos Mouros』一詞變換而來，意為摩爾人的叢林，或濃密的發育中的樹林，而真正的翻譯為『穆斯林』。」接著又指出：「在此居住的人們基本上同意，該街區的邊界：己連拿利（Glenealy Street）、穿過摩羅廟街（Mosque Street）的羅便臣道（Robinson Road）、些利街和堅道」〔註76〕。

此外，在香港的灣仔，由於教會的建立，吸引了一定數量的葡萄牙人在此居住。這段時期的灣仔人口，尚有來自菲律賓、印度（包括葡屬果亞）及非洲各地等不同民族的居民，他們不少過去都是與葡人經商並進而與葡人建立關係〔註77〕。

（二）九龍時期

英國佔領九龍半島之後，對九龍土地利用與開發進行了合理規劃。但囿於資金短缺，除一部分軍用外，其餘均被拍賣。葡萄牙人亦參加了此次拍賣，拍得大片九龍土地，並隨後進行了開發，遂吸引了大批的葡萄牙人遷來九龍居住生活。罷辣架指出：「葡萄牙人居民顯然是九龍開發的先驅。……儘管困難重重，但葡萄牙人社群還是證明九龍是合適的郊外居住區。……」〔註78〕「……葡萄牙社區將他們的注意力轉向了九龍。他們當中許多人認為九龍是一個比香港島更好的居住區，而且，但駐紮在九龍半島的軍隊的軍官與軍人的家庭協助九龍變成一個更加繁忙的地方時，葡萄牙人及其其他國籍人士買下了他們自己的住房，少量英國家庭也在九龍居住。……」〔註79〕

葡萄牙人對九龍半島的開發有一個漸進的過程，從尖沙咀開始，逐步擴展到油麻地、何文田及九龍塘等區〔註80〕。施利華亦指出：「……遷移到九龍。

〔註75〕 F.A.（Jim）Silva, sons of Macao, Their History and Heritage, California: UMA, 1979, P.29.
〔註76〕 葉農：《渡海重生：19 世紀澳門葡萄牙人移居香港研究》，北京：社會科學文獻出版社，2014 年，第 151 頁
〔註77〕 資料來源：香港政府檔案處網站 http://www.grs.gov.hk/ws/sc/ps_online_exh. htm#。
〔註78〕 José Pedro Braga, Portuguese Pioneers of HongKong: Horticultural Experiments at Kowloon, Macau: The Review, 1930, p.12.
〔註79〕 Braga, José Maria, Hongkong and Macao: A Tribute to Memory of Prince Henry "the Navigator" on the Occasion of the Festivities in His Honour, Hong Kong: Graphic Press, 1960, p.92
〔註80〕 葉農：《渡海重生：19 世紀澳門葡萄牙人移居香港研究》，第 159 頁。

九龍當時是散佈諸如旺角、油麻地、尖沙咀等中國村莊的郊外地區。葡萄牙人起先在尖沙咀居住，不久他們變成了該區的開發者，許多人成為九龍許多安靜的街道旁房屋的擁有者。葡萄牙人受鼓勵在此居住，因為成功的擁有住房計劃鼓勵著他們。該分期付款計劃由阿爾維斯（M.J.Alves）策劃。加連威老道（Granville Road）、赫德道（Hart Avenue）、堪富利士道（Humphreys Avenue）、金巴鼇道（Kimberley Road）、柯士甸道（Austin Avenue）和金馬倫道（Cameron Road）是尖沙咀地區組成葡萄牙人居住街區的一些街道。此後不久，又有了一些其他的葡萄牙人街區。在九龍主要街道彌敦道外的東昌大廈（Tung Cheong Building）住著許多葡萄牙人家庭。進一步，何文田與九龍塘亦成為葡萄牙同胞的居住地。……」〔註81〕另外，尖沙咀南部的葡人住宅區分布在尖沙咀南段往北一英里的範圍內，靠近梳利士巴利道（Salisbury Road）、漆咸道（Chatham Road）和彌敦道（Nathan Road）往北至佐敦道（Jorhn Road）之間。在此居住的葡萄牙熱在香港是最富有與最有影響力的，此街區曾經是居港葡萄牙人的主要聚居區〔註82〕。內伊爾·俾利剌（Nail Pereira）曾在香港《南華早報》撰文稱之為「葡萄牙人的飛地」，「那些宏偉的維多利亞式房屋不屬於居港的葡萄牙人，就是租賃給葡萄牙人社區的成員」〔註83〕。

三、印度人社區時空分布

關於居港印度人社區的空間分布，我們可以從香港印度人人口的分布情況來分析。如表 2-5 所示。

表 2-5　1911、1931、1941 年居港印度人口分布情況〔註84〕　　單位：人

地　點	1911 年	1931 年	1941 年
香港島	1511	2114	3342
九龍半島	401	2180	4037

〔註81〕F.A.（Jim）Silva, sons of Macao, Their History and Heritage, California: UMA, 1979, P.29～30.

〔註82〕葉農：《渡海重生：19 世紀澳門葡萄牙人移居香港研究》，第 162～163 頁。

〔註83〕Silva, António M. Pacheco Jorge da, The Portuguese Community in Hong Kong: A Pictorial History, Macau: Conselho das Comunidades Macaenses; Instituto Internacional de Macau, 2007, p.37.

〔註84〕K.N.Vaid: The Overseas Indian Community in Hong Kong, Hong Kong University Press, 1972, Page 27。

新界	95	311	無數據
其他	5	140	無數據
總數	2012	4745	7379

從上表中的數據我們可以得出以下三點：

第一，1911 年時居港的印度人有 1511 人居住在港島，占居港印度人總人數的 75%，而 25%居住在九龍半島，大約 4%居住在新界，剩下 6%則散落於其他地方。這是有一定的歷史原因的，香港開埠初期，怡和洋行購得東角地皮（即今日的怡和街一帶），並在此建有碼頭、倉庫及修理船上用品的工場，不僅吸引大量華人在該處工作，也吸引不少商人在此開設商店和建築住宅。其中怡和洋行早期雇傭很多印度人，這些印度人成為最初在堅拿道東居住的居民。在堅拿道東開設了很多印度商店，出售各種印度人所需的生活用品，如食品、咖喱及各種香料等。及至戰後初期，堅拿道仍有數間印度商店〔註85〕。後來，印度人分散到各區居住，這些印度商店才漸漸改由華人經營。另外，在中區的奧卑利街靠近荷里活道與士丹頓街的斜坡地皮上建造的樓宇裏租住了不少印度人。據夏曆《香港中區街道故事》記載：「這些樓宇的業主主要是被稱之為「白頭嚤囉」〔註86〕的猶太人，他們在樓下開設古玩店、瓷器店或絲綢店，而樓上則是住宅，或租給別人居住。這一批樓宇由於建在監獄旁邊，華人很是忌諱，很少租住在該地，所以初期居住該地的人，都是外國人，而又以印度人居多，其情形一直維持到第一次世界大戰之後」〔註87〕。此外，維多利亞監獄已婚印度籍職員在雲咸街與亞畢諾道之間的地塊也有居住分布。據罷辣架研究：「葡人古提厄勒茲三兄弟中最年輕者阿德利諾（Adelino）在雲咸街與亞畢諾道之間狹窄的三角地帶，擁有一座小房子，供其家人居住。數年之後，港英政府決定收回其土地與建築物，以建築物為維多利亞監獄已婚印度籍職員的幾座宿舍」〔註88〕。開埠初期，隨著英國殖

〔註85〕夏曆：《香港東區街道故事》，香港：三聯書店（香港）有限公司，1995 年 5 月，第 95 頁。

〔註86〕這些猶太人被稱為「白頭嚤囉」。香港人對於形態和相貌近似印度人的外國人，均以「嚤囉」稱之，故此對巴基斯坦人和印度人，至今仍稱之為「嚤囉」，「白頭嚤囉」所指的更為複雜，凡阿拉伯人、色目人、埃及人及猶太人，通以「白頭嚤囉」稱之。其實，奧卑利街口的「白頭嚤囉」專指為猶太人。

〔註87〕夏曆：《香港中區街道故事》，香港：三聯書店（香港）有限公司，1989 年 5 月，第 57～58 頁。

〔註88〕Braga, José Pedro, "Portuguese in HongKong and China: Their Beginning, Settlment

民者而來的印度籍的穆斯林水手開始在香港定居下來，逐漸形成居港的印度穆斯林社區。這些穆斯林水手在港的住宿條件很差，沒有像樣的居所或宿舍，而且大多群體而居，生活在現今中環的摩羅街（Lascar Row），這些穆斯林水手的第一次非正式禮拜就是在該區的一條街道上舉行的〔註89〕。此後，不少印度小商販也雲集於此，港英政府鑒於摩羅街上的印度籍人口越來越多，於是將此地段拍賣，專供印度人使用，建成了著名的摩羅下街。「1849 年 11 月 27 日拍賣官地，位於印度廟附近，作印度人聚居之用」〔註90〕。20 世紀之前，摩羅上街與下街一直是居港印度穆斯林家庭的主要聚居區。後來，隨著大批華人進駐，該街區慢慢發展成為一個古玩市場。

　　香港開埠早期，在九龍聚居的主要指受英人雇傭的印度士兵。據日教學參議部編纂的《清國巡遊志》記載，「印度人士兵的營房修建在羅便臣道，即彌敦道，外國人的房子主要在面對香港一帶的海旁，當中建有著名的大倉庫」〔註91〕。又據奧田乙治郎對櫻商行職員櫻井鐵次郎的訪談：「我最初來時（1901 年）是在九龍上岸的。與其說是九龍，不如說是紅磡、九龍船塢的那一帶。……望著平房的右方走兩三町（日人的距離單位，一町大概為 109 米），便見竹林深處，那一帶房子一間也沒有。茅草搭蓋、像臨時屋那樣的地方綁著幾匹馬，它是屬於印度兵房的一部分。在凹凸不平、只有人力車才勉強可通過的羊腸小道上再往前走十町左右，便來到現在的海防道。它的右方並排著印度兵營和警察教堂，當走到盡頭往左拐時，便來到海岸線一帶……」〔註92〕因此，印度人更是成為尖沙咀一道亮麗的風景。「南亞人在十九世紀中後成為尖沙咀一景，因為當時香港殖民地政府雇傭印度人作警員和士兵」〔註93〕。

and Progress During One Hundred Years," Renascimento, 1944, Macau: Fundacăo Macau and Mar-Oceano, 1998, p.225.

〔註89〕唐姍：《香港印度人社會形成的過程、現狀及其與香港社會的融合》，暨南大學博士學位論文，2013 年，第 58 頁。

〔註90〕Gillette Marisboyd. Between Mecca and Beijing: Modernization and Consumption among Urban Chinese Muslims California: Stanford University Press.2000. p34.

〔註91〕教學參議部編纂：《清國巡遊志》，載《幕末明治中國見聞錄集成》第十四卷，人文科學書房，1997 年，第 124〜136 頁。

〔註92〕（日）奧田乙治郎：《明治初年在香港的日本人》，臺灣總督府熱帶產業調查會，1937 年，第 10 頁。

〔註93〕White, Barbara-Sue.1994. Turbans and Traders: HongKong's Indian Communities. New York: Oxford University Press.

　　第二，至 1931 年時，居港印度人人口總數達到了 4745 人，相較於 10 年前，人口翻了一倍，其中九龍的印度人總數超過了港島，占到總人數的 46%，而港島則下降至 44%，直到 1941 年時，這種狀況仍然沒有改變。原因就是 20 世紀上半葉，九龍半島工業凸起，有很多從事商業的印度商人選擇離其工廠比較近的地方。而在港島的具體分布中，大部分居住在維多利亞區，只有少部分生活在山頂。「1931 年的居港島印度人中有 6 個家庭中的 23 人生活在山頂，1382 人生活在維多利亞區，106 人散步在島嶼其他地方」〔註 94〕。

　　第三，及至 1941 年，居港印度人人口總數繼續增長，達到了 7379 人。而在具體空間分布上，九龍半島人數繼續增加，同時呈現出以深水埗和尖沙咀為兩大聚居地，當時在九龍半島尖沙咀經商的印度人主要以夏利里拉家族為代表，還包括不少信德人。「夏利里拉的服裝生意的紅火也很快吸引到其他信德商人的注意，並紛紛加入該行業，而他們的最初目標顧客群都是以駐港英軍為主」〔註 94〕。另據唐姍的研究，在中國大陸內戰時期，許多上海一帶頂級的裁縫在混亂中逃往香港和海外，很大一部分也將精湛的手藝傳入香港。由於居港印度人英語水平較高，以及與英國人的特殊關係，所以印度人藉此機會到市面上經營裁縫店生意，雇傭很多中國師傅；不僅如此，印度商人還遠赴英國倫敦的薩維爾街（世界上最頂級西服手工縫製勝地，代表貴族和紳士品味）學習裁縫技術，以便更好地為英軍服務，為此，印度人在香港開設不少「專賣店」。這些店鋪大多安置在九龍半島尖沙咀一帶，那裡是當時外來信德移民的聚集地，更是商人的天堂〔註 96〕。

　　20 世紀 70 年代以後，居港的印度人，尤其是小商人，他們大多據聚集在尖沙咀的重慶大廈、美麗都大廈，以及麼地街兩旁〔註 97〕。美國學者麥登高曾對一位在 1962 年至 1964 年間住在重慶大廈的英國人作過採訪，英國人當時談到：「我們住在重慶大廈的時候，大部分商鋪由中國人經營，但也有許多印度商店……我估計有 20% 的商鋪由印度人經營，他們比起安靜的中國人來

〔註 94〕 K.N.Vaid: The Overseas Indian Community in Hong Kong, Hong Kong University Press, 1972, Page 27。

〔註 94〕 Mansinghka. Tran and Sambamurthy. The Harilela Empire: An Indian Family business in HongKong. HKUST.2002. P20.

〔註 96〕 唐姍：《香港印度人社會形成的過程、現狀及其與香港社會的融合》，暨南大學博士學位論文，2013 年，第 79 頁。

〔註 97〕 唐姍：《香港印度人社會形成的過程、現狀及其與香港社會的融合》，第 83 頁。

說較為明顯」〔註 98〕。「重慶大廈附近的九龍清真寺始建於 19 世紀末，1964
年在彌敦道現在的新址重建，距離重慶大廈兩個街區，這無疑導致了大廈內
穆斯林人口的增加」〔註 99〕。值得注意的是，聚居在重慶大廈的印度人相較
於在其他聚居區有很強的歸屬感。據麥登高的研究，聚居在香港的印度人，
即使是「很多南亞籍經理能說流利的粵語，但仍然在香港感覺受到歧視，所
以他們與香港的關係十分複雜——只有少部分人認為香港也許能成為自己的
家園。然而比較他們早年生活的南亞和暫時生活了幾十年的香港，多數人仍
然夢想最終能定居英國、加拿大或美國」〔註 100〕。「這些南亞人不像香港華
人，他們對於以華人居民為主的香港有一種被隔離的感覺」〔註 101〕，生活在
重慶大廈中的許多人雖然「講印地語、烏爾都語、尼泊爾語、旁遮普語或者
泰米爾語，他們吃南亞菜肴，買南亞的食材、影碟、雜誌和送給妻女的莎麗，
他們花時間看電視的印度臺、巴基斯坦臺、尼泊爾臺，並聯繫遠方的南亞親
友」〔註 102〕，然而，他們中許多人不再將南亞看作自己的家，特別是子女一
帶，一個二十出頭的印度男人說：「我從來沒有去過印度，印度對我來說就是
外國！我會在那裡迷路的！我生在香港，也會老死在這裡」〔註 103〕。對於印
度人會在重慶大廈安家落戶，麥登高將其解釋為「因為它不像香港的其他地
方，南亞人在重慶大廈能和同胞一起工作，不會因為他們非亞裔或不講粵語
的身份受到歧視（非亞裔或不講粵語的情況並沒有讓生活在香港的白人遭受
窘境，但絕不讓南亞人備受歧視，特別在香港一直以來『白色人種至上，棕
色人種低賤』的種族格局之下）」〔註 104〕。可見，居住在重慶大廈的印度人
真正把該地當成家了，有種家的歸屬感。正如居港印度人 Johnny Singh 口述
歷史中說的：「我出生在香港，我已經在香港生活超過三十年。當我還是小孩

〔註 98〕 White, Barbara-Sue.1994. Turbans and Traders: HongKong's Indian Communities.
　　　　 New York: Oxford University Press.
〔註 99〕 （美）麥登高著、楊瑒譯：《香港重慶大廈：世界中心的邊緣地帶》，上海：
　　　　 華東師範大學出版社，2015 年 10 月，第 37 頁。
〔註 100〕 （美）麥登高著、楊瑒譯：《香港重慶大廈：世界中心的邊緣地帶》，第 84～
　　　　 85 頁。
〔註 101〕 （美）麥登高著、楊瑒譯：《香港重慶大廈：世界中心的邊緣地帶》，第 85 頁。
〔註 102〕 （美）麥登高著、楊瑒譯：《香港重慶大廈：世界中心的邊緣地帶》，第 85 頁。
〔註 103〕 （美）麥登高著、楊瑒譯：《香港重慶大廈：世界中心的邊緣地帶》，上海：
　　　　 華東師範大學出版社，2015 年 10 月，第 85～86 頁。
〔註 104〕 （美）麥登高著、楊瑒譯：《香港重慶大廈：世界中心的邊緣地帶》，第 86 頁。

的時候，我在印度住過十年，六歲那年我被送回印度，直到十七歲才回到香港。我的父親是一名香港警察，他在1986年退休後回到印度。對香港是一個華人社會，我在這裡覺得自己像是局外人。但是我一踏進重慶大廈，我就不再覺得自己是外來人了，彷彿回到家裏一樣。各種不同背景的人都來這，有印度尼西亞人、馬來西亞人、印度人、斯里蘭卡人、孟加拉人、非洲人、歐洲人，什麼樣國籍的人都有。外邊的世界很不容易，但重慶大廈是我們共同的家」〔註105〕。

圖2-19　尖沙咀彌敦道之重慶大廈〔註106〕（右方為重慶大廈）

　　港島以跑馬地為中心形成了印度人的聚居地，該地成為印度人的宗教中心，文化教育中心。「印度人在跑馬地修建了印度教廟、錫克教廟和清真寺各一座，還開辦了一所學校，除交收英語和粵語外，還教授旁遮普文，烏爾都語和印度文」〔註107〕。「目前居港的印度人主要是第三代和第四代甚至第五代，少量第二代族人依然健在」〔註108〕，他們現在幾乎都是香港永久居民。

─────────────────

〔註105〕（美）麥登高著、楊瑒譯：《香港重慶大廈：世界中心的邊緣地帶》，第88頁。
〔註106〕政府新聞處圖片資料室，1969年。
〔註107〕蘭靜：《近代香港外來移民與香港城市社會發展》，暨南大學博士學位論文，2011年5月，第104頁。
〔註108〕據司徒先生（K.Sital）訪談所得，2013年1月29日於香港中環雲咸街夏利里拉商行二樓。選自唐姍：《香港印度人社會形成的過程、現狀及其與香港社會的融合》，暨南大學博士學位論文，2013年，第53頁。

居港的印度人一般以民族聚居的形式建立自己的社區，與其他族群構建的社區界限比較分明。這是由於印度人特殊的宗教信仰、語言文化和飲食習慣等文化差別所致。總體來說，居港印度人建立的社區在香港城市的空間分布主要以九龍半島的尖沙咀和港島東部的跑馬場為核心的。

四、日本人社區時空分布

居港日人的社會等級大致分為兩大階級，上層階級與下層階級。這兩類不同的階級在港島的分布也很大不同。上層階級住在上町，即市街的高地，指半山區一帶；下層階級住在下町，即市街低地，指灣仔一帶〔註109〕。

（一）上層階級分布

居港日人中被稱為上層階級的，是分布在半山區的一群，他們以領事館為首，加上三菱、住友的支店和正金銀行等大機構、大資本商的職員、家眷。此外，數目雖少，還有如江商等帶有商人氣質的個人企業家〔註110〕。關於居港日人上層階級的居住分布與日常生活的記載較為稀少，我們只能從藤田一郎〔註111〕寫的一些回憶錄中探尋找一下痕跡。

> 往日的日本人俱樂部，位於現今領事館所在的德成大廈（Tak Shing House）。德成大廈的地下，以前是惠羅百貨公司，因此整棟建築物就叫做惠羅大廈。

> 日本人俱樂部在四樓。圖書室內掛了一副東鄉大將和乃木大將訪港的紀念照片，二人當時陪同親王參加英國皇室的加晃儀式而途徑香港。我對這照片的印象很深刻。

〔註109〕 （日）奧田乙治郎：《明治初年在港的日本人》附錄，臺灣總督府熱帶產業調查會，1937年，第9～29頁。

〔註110〕 陳湛頤譯：《日本人訪港見聞錄（1898～1941）上卷》，香港：香港三聯書店出版社，2005年7月，第241頁。選自教學參議部編纂：《清國巡遊志》，載《幕末明治中國見聞錄集成》第十四卷，人文科學書房，1997年，第124～136頁。

〔註111〕 藤田一郎（Fujitachiro，1903～1998），山口縣人，久留米商業學校畢業後進入三井物產大阪支店工作。1937年來港，擔任三井物產香港支店的代理店長，1943年，返國。1954年再以三井物產香港支店店長身份返港，至1961年退休退休後一直留港居住，到1989年才返國，1998年2月去世。由於藤田一郎在港的豐富閱歷，及擁有廣泛的人際關係網絡，被稱為「熟知戰前、戰後香港的活字典」。

……在日本人最吃得開的明治（1868～1911）、大正（1911～1925）時期，三井物產在麥當奴道 37 至 39 號建成了「第一住宅」。這棟住宅由日本雇來建築工人興建，頗為堅固。到了 1945 年 9 月被列作敵產，用拍賣方式賣掉。

當時，大部分銀行和商行的住宅都集中於麥當奴道到寶雲道的一帶。這些住宅附有花園，是非常漂亮的建築物，不過，後來都遭拍賣了。今天在原址上建成了二十到三十層高的巍峨大廈，大家分層的住進裏面。

日本人小學位於堅尼地道 12 號。校舍現在由堅尼地道小學使用。這間日本小學內有大講堂，六間教室。大講堂的二樓有可供四對夫婦居住的住宅。現在的外務次官黃田在本港擔任領事時，曾經跟英國的武官博沙上尉及正金銀行的大沼等人在大講堂練習過劍道，成為一時佳話。

「七七事變」一開始，這間日本人小學便成為港島日本僑民集宿〔註112〕的地點。九龍方面位於今天國賓酒店（Ambassador Hotel）和帝國酒店（Imperial Hotel）後方（訊號臺下方）的三井九龍住宅和汽車渡輪碼頭旁邊三井儲煤場的附屬建築物，就成為了九龍日本僑民的集宿地點。

不過對於在灣仔、在九龍做生意的商人而言，躲進了集宿的地點便無法做買賣，所謂「手停口停」，因此感到十分為難。於是他們就跟英國政府交涉，對方提出：白天你們各自冒風險到店做買賣，到晚上回來集宿的地點睡覺如何？在取得這種大致的諒解下，灣仔的商人白天就到灣仔做生意，晚上轉回堅尼地道的日本人小學休息……〔註113〕

從以上訪談錄得出以下幾點：第一，居港日人的上層階級在港島主要分布在西至麥當奴道，南至寶雲道及北至堅尼地道的一帶半山區域內，今香港公園西南面一側；而九龍半島則在三井九龍住宅和汽車輪渡碼頭一帶。第二，居港

〔註112〕 到該地點集宿的話，英國方面就會給予保護。
〔註113〕 （日）藤田一郎：《香港往事談》，載香港日本人俱樂部廣報部編：《香港：香港日本人俱樂部創立二十五週年紀念特集號》，1981 年，第 75～78 頁。

日人的上層階級從事的職業包括領事館領事、銀行與商行的經理、職員、企業家及教師等。第三，居港日人上層社會聚居在白人社區附近，生活居住條件比較優越。他們內部同階層之間保持著較為緊密的聯繫。第四，日本大本營推行的侵華戰爭，對居港日人的社會生活影響很大，香港境內的反日情緒甚是激烈，已經嚴重影響到日本僑民的正常生活，須要港英政府給予特殊保護，才能生存下去。我們也可以從該時段內居港日人人數劇烈的變動看出，如前文所示（第二節居港日人社區）九一八事變爆發前，居港日人約有 3500 人左右，事變爆發後發生反日運動，減少了 1000 人，而到了 1937 年底時，只剩下 538 人，當中住在九龍的有 100 人左右。就像藤田一郎在其回憶文章中所寫：「九一八事變後，因為排日而受到威脅，生意減少了，個人生活也總飄蕩著不安的氣氛，心情漸漸變得大不愉快。」另外，「在戰爭時期，憲兵跋扈，我們為了維護舊日相識的中國人和第三國人而勞心勞力」〔註114〕。

（二）下層階級分布

居港日人的下層階級主要包括從事娼妓業的妓女、船員、人販子、無業游民及商行的小職員等。他們主要聚居在灣仔一帶。

早期來港從事娼妓業的「娘子軍」主要集中在今天史丹利街一帶。據奧田乙治郎對木村修三的訪談，「說到那些女子，就我所知，只有兩家女郎屋和一間咖啡店。地點嘛，應該是今天的士丹利街。每家女郎屋和一間咖啡館約有六、七個女子，咖啡館也有五、六人吧。度夜資一晚我記得是七塊錢。不過，店子是不招呼日本人客的，對象全是洋人和印度人。當然，日本人要是上等客也暗中有交易的，但船員則一概免問。經營女郎屋的人，有一家叫『阿竹』什麼的；另一家記不起來了。旅館那時也沒有一家是正式的，都是供船員度宿的貨色。餐館也還沒有。方才所說的咖啡館，不是賣咖啡而是專門賣淫的。灣仔方面一個日本人也沒有」〔註115〕。據奧田乙治郎對草野格馬遺孀的訪談：「我是 1894 年來港的，住了三年左右回日本，……我最初來時，日本人主要聚居於擺花街的附近，還未到灣仔」〔註116〕。又據前田

〔註114〕　（日）藤田一郎：《香港往事談》，載香港日本人俱樂部廣報部編：《香港：香港日本人俱樂部創立二十五週年紀念特集號》，1981 年，第 77 頁。

〔註115〕　（日）奧田乙治郎：《明治初年在香港的日本人》（附錄），臺灣總督府熱帶產業調查會，1937 年，第 8 頁。

〔註116〕　（日）奧田乙治郎：《明治初年在香港的日本人》（附錄），第 9 頁。

寶治郎《香港概覽》記載：「在香港，1890年以後，隨著市區向灣仔延伸，下級的日本娼妓漸有中環向東轉移，二十世紀初開始在灣仔一帶生根，『娘子軍』及『紅裙隊』的大本營在灣仔舢舨街，狹窄的街巷內，軒燈煌然，成排搖曳，歐陸式的樓房，改裝成和式的店子。店頭擺放著椅子的行列，營造出奇特的風貌。紅綠色的燈泡發出斑斕的光芒，幾許婦女就在夜幕下強顏歡笑，這道攀花折柳的巷子裏，是在海外難得一見的活圖畫。嫖客稱之為『眾議院』，以別於設備稍為周全的，俗稱為『貴族院』（日人初在擺花街開設的妓院）的花街柳巷」〔註117〕。以此可知，及至19世紀末，灣仔尚未有日本人活動。而此後，隨著灣仔的開發與建設，原來在擺花街的酒吧東移至灣仔一帶，形成著名的酒吧街。日人開設的妓院也隨之轉移到灣仔，成為各族群中下層人士聚集之地，魚龍混雜。而居港日人的中下層階級，「也分布在灣仔旭官旅館周圍的一群。他們被稱為灣仔地區的落魄者。這些人中有人販子、船員出身的小賭徒、游民、鴇夫等」〔註118〕。日本人的社區以紅燈區為中心，散步在其周圍。陳湛頤指出：「以灣仔紅燈區為中心，由日人經營的旅館、日用品商店，以至飯館等漸次衍生，成為日人聚居的地點之一」〔註119〕。石川達三在《最近南美事情》亦認為：「日本人區一定在該市賣春窟（妓院）的左近。新加坡如是，西貢如是。理由是很明顯的。日本人前往發展的地方，最先行的拓荒者就是勇敢的大和撫子、日本娘子軍。隨後，男的就必然在附近開店，巧妙地保持著聯絡，一舉兩得。這種不光彩的巧妙戰術，至今在各地依然可見。不過，今天香港的日本娘子軍已改以旅館為根據地，不再直接在街上拋頭露面」〔註120〕。

　　1935年，日本擴建海軍，又大造商船，當時香港海面，常有日本軍艦和商船駛至，日本海軍和海員經常登上灣仔駱克道附近的酒吧尋歡作樂，因此，駱克道上開設了不少日式酒吧。及至1941年12月，日本佔領香港後，就把駱克道與分域道的這一片區域劃為日人娛樂區。後來日軍乾脆將這一段道路

〔註117〕 前田寶治郎：《香港概覽》，國文社，1919年，第141頁。
〔註118〕 陳湛頤譯：《日本人訪港見聞錄（1898～1941）上卷》，香港：香港三聯書店出版社，2005年7月，第241頁。選自教學參議部編纂：《清國巡遊志》，載《幕末明治中國見聞錄集成》第十四卷，人文科學書房，1997年，第124～136頁。
〔註119〕 陳湛頤譯：《日本人訪港見聞錄（1898～1941）上卷》，前言序文。
〔註120〕 石川達三：《最近南美事情》，中公文庫，1981年，第38～40頁。

的樓宇全部佔用，改作慰安所〔註121〕。至此，灣仔已經為香港的「小東京」，日人開設的商店、旅館及酒館等在灣仔隨處可見〔註129〕。

第三節　不同類型社區空間分布特徵及差異分析

　　港內各族群形成的社區發展起步時間不一，同時由於政治因素及各地區經濟發展程度、人口分布等諸多因素的影響，各地區不同時期社區的空間分布呈現出較大差異，這些差異既顯得雜亂無章，又呈現出一定的規律性，現對其時空分布特點和形成原因進行分析。

一、分布特徵

　　如前所述，按港島、九龍、新界的三大部分地域劃分，不難發現，各個族群形成的社區在香港的分布呈現出明顯的由集中向分散的態勢，而不同種類社區則呈現出以區域為中心集中分布的特點。

　　一是隨著時間的推移，社區分布逐漸改變港島集中分布的特徵，呈現向九龍、新界，由南向北分散遷移的趨勢。

　　19 世紀下半葉，無論是西人社區，亦或是華人社區的分布絕對集中於港島地區，九龍與新界分布極少。華人社區廣泛分布於香港島的各個地方，而外國人社區則主要集中在香港島的中環、半山、山頂一帶。而華人社區的高密度聚居地則在香港島的西環、上環、灣仔、筲箕灣、北角。香港島的維多利亞城是外來移民社區的主要集中地，在維多利亞城及其周邊地區幾乎聚居了香港所有的外來移民的族群，不論是外國人移民的英美人、葡萄牙人、日本人、印度人，亦或是華人中的廣府人、客家人、福佬人，任何族群的人在這裡都形成了自己的社區。該區域是香港人口密度最大、構成最為複雜的一個區域，同時也是香港的政治、經濟中心。詳如圖 2-20 所示。

〔註121〕夏曆：《香港東區街道故事》，香港：三聯書店（香港）有限公司，1995 年 5 月，第 66 頁。

〔註129〕資料來源：香港政府檔案處網站 http://www.grs.gov.hk/ws/sc/ps_online_exh. htm#。

圖 2-20　19 世紀中後期各族群社區在港島的集中分布區域

至 20 世紀上半葉，九龍逐漸得到開發，九龍及新界日趨成為不同族群社區分布的中心。華人集中在九龍半島的啟德、石硤尾、慈雲山、油麻地，以及新界的元朗、荃灣等地；如廣府人形成的社區集中在九龍深水埗、油麻地、石硤尾、慈雲山等地區；福佬人形成的社區則是集中在九龍的慈雲山、石硤尾區；客家人社區主要集中在啟德、石硤尾等區。西人集中在九龍半島尖沙咀、九龍塘及何文田一帶分布。如英美人主要聚居九龍塘及何文田一帶；葡萄牙人則聚居在尖沙咀南部及彌敦道與佐敦道之間的地帶；印度人在九龍集中分布深水埗與尖沙咀等。

圖 2-21　20 世紀上半期香港各族群社區在九龍及新界集中分布區域

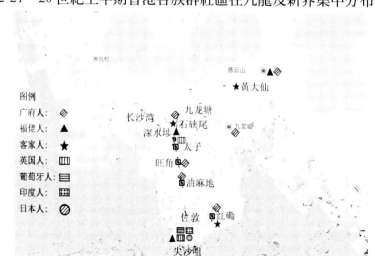

由此可見，從時間上來看，香港移民形成的社區呈現由南向北拓展的趨勢。總體來說，香港地區的人口分布首先在港島北岸集中，在港島飽和之後，向北邊的九龍推進，九龍的城市發展成熟後，又向新界流動，這整體呈現出一個由南向北推進的分布趨勢。人口的分布趨勢，也代表著城市社區的分布趨勢走向。香港的外來移民在香港自主地構成聚居區，分布在整個香港地區的每一個角落，從事各種職業，共同為香港城市社區的發展打下堅實的基礎。

二是在華人社會區和西人社會區內部均呈現大雜居的局面，但是在兩大社會區裏的一些次一級的族群形成的社區則又有集中聚居的特點。

一方面，香港外來移民中的華人與西人在宗教信仰、文化傳統及生活習慣等方面存在著較大差異；另一方面，港英政府人為的製造華洋分居的隔離政策，這兩方面的因素最終導致香港華洋移民社區的大分居局面。而又由於外來移民人數始終較少，他們遷入香港後也會自然而然地趨近於各自的族群，主要分布在香港城市的核心地帶，如維多利亞城的中環、半山一帶，以及九龍的尖沙咀與九龍塘一帶，其內部呈現出小聚居的特點。華人社會區下的各族群形成的社區也有類似狀況。

二、原因分析

總體來看，香港外來移民形成的社區是華洋分離的，但是在兩大社會區裏的一些次一級的族群形成的社區則又有集中聚居的特點。基於香港外來移民社區在香港的時空分布狀況，下面嘗試總結香港外來移民社區形成如此聚居特點的原因。

（一）政治原因

總體而言，香港外來移民形成的社區是華洋分離的。作為港英政府殖民統治下的社會發展無疑受到港英政府的多方管治，其在不同時期的發展也與港英政府的管治政策密不可分。

英國佔領香港後，其根本目的旨在取得外交、商業、軍事上的政策優勢，並無意改變島上原華人居民的生活狀態。香港在英國的殖民地歷史上比較獨特的，它是英國第一個以華民占絕大多數的殖民地，故在對其制定政策進行治理時根本沒有先例可言〔註 123〕。為此，主管英國所屬的各地殖民地的理藩院也

〔註 123〕據丁新豹的研究，英人在佔領香港前已經佔領了新加坡、馬六甲及檳榔嶼，該三地均有不少華僑聚居，但它們均不是直轄的殖民地，而是隸屬於印度

不能為港英政府提供治理華人的政策，只有任由港英政府根據地方實際情況作出決策。而港英政府為了保持香港的穩定，不至於出現大的錯誤，往往遵隨前任官員所釐定的政策，蕭規曹隨〔註124〕。1841 年 2 月 1 日，義律與伯麥佔佔領香港後所發布的安民告示，便成為後來歷屆港府治理華人的總方針：

　　……照得本公使大臣奉命為英國善定事宜，現經與欽差大臣爵閣部堂琦善議定諸事，將香港等處全島地方，讓給英國寄居主掌，已有文據在案，是爾香港等處居民，現係歸屬大英國主子子民，故自應恭順樂服國主派來之官，其官亦必保護爾等安堵，不致一人受害。至爾居民，向來所有田畝、房舍、產業、家俬，概必如舊，斷不輕動。凡有禮儀所關，鄉約律例，率准仍舊，亦無絲毫更改之議。且未奉國主另降諭旨之先，擬應大清律例規矩之治，居民除不拷訊研鞫外，其餘稍無所改，凡有長老治理鄉里者，仍聽如舊，惟須稟明英官治理可也。……自所有各省商船、來往貿易，均准任意買賣，所有稅餉船鈔掛號等規費，輸納大英國幣。當嗣後有應示事，即有派來官憲，隨時曉瑜，責成鄉里長老，轉轄小民，使其從順。毋違，特示〔註125〕。

　　這是英國人佔領香港後發布的第一份告示，它清楚地申明英國政府統治香港的政策。丁新豹認為，這些「責成鄉里長老，轉轄小民」、「鄉約律例，率准如舊」的規定，使得開埠後的頭二十年的歷任香港總督，均奉為圭臬循循相因，即使行政上偶有偏離，但總的施政精神大體遵從。這對於香港華人社會的發展，華人社會與港府，甚至與西人社會的關係，都有極其深遠的影響〔註126〕。

　　從以上文告可以看出，義律想保留華人原有的傳統，以大清律例與英國法律並行的特殊方式進行香港管治。這種政策的延續影響，與中英居民間固有的語言、習俗隔閡導致早期香港社會華洋間長期存在不可逾越的溝通障礙。

　　　　政府，由英國東印度公司間接統治。1867 年 4 月 1 日，由上述三地組成的海峽殖民地（Strait Settlements）才正式脫離印度統治移交到理藩院，成為直轄殖民地（crown colony）。

〔註124〕丁新豹：《香港早期之華人社會》，香港大學博士學位論文，1989 年，第 216 頁。

〔註125〕中國史學會編：《鴉片戰爭》，第 4 冊，上海：上海人民出版社，1957 年，第 241～242 頁。

〔註126〕丁新豹：《香港早期之華人社會》，香港大學博士學位論文，1989 年，第 217～218 頁。

　　1843 年 6 月，香港政府成立，鑒於城市發展與社會管理的需要，遂將聚居在中市場的華人整體搬遷到太平山區，這是「港府實行華人與英人隔離居住的濫觴」〔註 127〕，港督戴維斯在致史丹利的信中轉引了砵甸乍的看法：「把華人遷走，儘量防止他們與英人雜混在一起，是符合社會利益的」〔註 128〕。雖然港府採取把英人與華人商住區隔離的政策，在一定程度上減少了由於生活方式、言語不通等因素造成的摩擦與誤會，然而，從長期來看，由於人為地分區而居，阻礙了不同種族的交流與融合，由此造成的惡果也是顯而易見的，1858 年，港督寶雲對此感慨道：「本地居民與歐人幾乎是隔絕的，不同民族之間的交往未有所聞」〔註 129〕。

　　而至 1860 年，英國在取得九龍半島的管治權後，依然沒有改變種族居住隔離政策，繼續採取不同族群分區而居的政策。從港督羅便臣致紐卡素公爵（Duke of Newcastle，1811～1864）信中亦認為：「我常常想，怎樣能避免大量華人定居九龍，但華人移居九龍是難免的，最好是他們能聚居一地，使歐美人士不致與他們雜居而感到不便或遭殃」〔註 130〕。可見，港督羅便臣對華人依然存在很大的偏見與歧視，仍然堅持這種種族隔離制度。

　　19 世紀 70 年代以後，隨著華人勢力的增強，逐漸向中環延伸。由於得到軒尼詩總督的同情與支持，華人可在皇后大道全段，以及雲咸街上半部、荷里活道及鴨巴甸街地區興建唐樓〔註 131〕，但是卻遭到了西人上層社會的激烈反對，於是 1888 年，港督德輔為了防止華人勢力過分擴張，草擬一項《歐人住宅區保留法例》，明確規定威靈頓街和堅道之間，只准興建西式樓房〔註 132〕，雖然德輔解釋該條例並非「種族隔離」，只是阻止華人業主在歐人住宅區內興建狹窄且不合衛生的房屋，政府允許華人在該區內的洋房居住〔註 133〕，但是，

〔註 127〕丁新豹：《歷史的轉折：殖民體系的建立和演進》，選自王賡武主編：《香港史新編（上冊）》（增訂版），香港：三聯書店（香港）有限公司，2017 年 1 月，第 119 頁。
〔註 128〕Davis to Stanley, 26 July, 1844　#43：C.O.129/6。
〔註 129〕轉引自：Endacott, G.B., A History of HongKong, 1964, pp.122.
〔註 130〕轉引自：Endacott，G.B., A History of HongKong, 1964, pp.122.
〔註 131〕轉引自：Endacott，G.B., A History of HongKong, 1964, pp.175.
〔註 132〕轉引自：Endacott，G.B., A History of HongKong, 1964, pp.243.
〔註 133〕丁新豹：《歷史的轉折：殖民體系的建立和演進》，選自王賡武主編：《香港史新編（上冊）》（增訂版），香港：三聯書店（香港）有限公司，2017 年 1 月，第 120 頁。

社區內醫院、俱樂部及休閒娛樂的設施都專門為西人服務，面對著這樣的歧視，其解釋顯然蒼白而無力。

20 世紀以後，港府尚未放棄華洋分區而居的制度。1902 年，潔淨局以清潔衛生及華人推高房屋租金為由，建議把尖沙咀至九龍城之間兩英畝土地保留為歐人住宅區〔註 134〕。理藩院大臣張伯倫（Chamberlain, Joseph）更認為讓華人居住在西人社區中是不可接受的：「把某地區保留用作講究衛生的人居住，避免染上癩病，是合理的，但如因租金理由而拒絕讓有體面的華人入住該區，則不可接受」〔註 135〕。

1904 年立法局通過了《山頂區保留條例》，以及 1918 年通過的《山頂居住條例》，則是變相把山頂保留為西人居住區，把華人隔離在外的做法。及至 1911 年，華人與外國人之間的社會關係出現改善，但是兩個種族集團之間的根本偏見仍存在著。直到第二次世界大戰以後，以種族隔離為基礎的居住隔離才得以完全廢除，此時，以經濟因素為基礎的住房分離越來越明顯。

（二）經濟原因

綜觀香港城市社區分布的發展歷程，各地區的城市化程度和經濟發展水平無疑是決定其社區時空分布差異的另一主要因素。

香港開埠時，港島聚落稀疏，族群以客家人為主，且多集中在灣仔、黃泥湧、石塘咀及裙帶路等地。灣仔附近僅有一處客家人聚居的小聚落，位於今皇后大道東洪聖廟附近。黃泥湧是稍微大一點的聚落，臨近今跑馬地山村道。穿過北角、鰂魚湧至筲箕灣可見一連串採石場聚落，此間亦是客家石匠的聚居區。毗鄰交椅灣的石塘咀是一座規模更大的採石場，也是客家人的主要聚居區。裙帶路上亦有三四間房舍組成，位於今天禧利街向陸地一側的盡頭，至蘇杭街與畢街。據夏思義的研究，1841 年之前定居砵甸乍街以西一帶的家庭，頂多不超過十戶，也許有五十人〔註 136〕。此後，隨著經濟的發展及移民的不斷湧入，又由於早期香港城市建設的中心基本集中在港島區，港英

〔註 134〕丁新豹：《歷史的轉折：殖民體系的建立和演進》，選自王賡武主編：《香港史新編（上冊）》（增訂版），香港：三聯書店（香港）有限公司，2017 年 1 月，第 120 頁。

〔註 135〕轉引自：Endacott, G.B., A History of HongKong, 1964, pp.284.

〔註 136〕夏思義：《細說從頭：砵甸乍街以西的成長》，選自石翠華、高添強主編：《街角·人情——香港砵甸乍街以西》，香港：三聯書店（香港）有限公司，2010 年 2 月，第 157 頁。

政府對香港的城市規劃也集中在位於今中西區的維多利亞城一帶。維多利亞城被分為上環、中環、下環三個街區，1886 年西環填海計劃完成形成「西環」，沿皇后大道這條主要的交通動脈，香港島的城市基本構造初步形成：皇后大道以北的沿海地段是商業貿易區，皇后大道以南的山坡是商業住宅區，華人主要聚居在裙帶路周圍與皇后大道南邊至堅道之間的區域，接近今天嘉咸街和卑利街附近。西人則在中環街市以南的山坡上居住。自十九世紀下半葉開始，這一區域長期成為香港城市發展的最核心區域。

19 世紀中後期，華人在港島的聚居區有西進的趨勢。原因如下，其一是華人聚居區東邊靠近西人聚居區的中區，東擴顯然已不可能，而且港府一直希望華人向西發展的。其實早在 1844 年時，原聚居在嘉咸街與卑利街附近（被稱為中市場）的華人，由於毗鄰西人社區，港府為了拓展西人社區的發展空間及避免因中西人鄰近引發衝突，遂將該區內華人統一遷至太平山與西營盤地區；其二太平山與西營盤地區逐漸得到開發，基礎設施建設穩步推進。「文咸於 1854 年決定，發展華人墓地以西的西營盤地區。堅道往西延（稱般咸道），連接薄扶林道（同時擴闊路面），般咸道與皇后大道之間的街道，於 1885 年至 1861 年間完成規劃，沿路地段在 1861 年至 1863 年間售出。到了 1865 年左右，整個地區以『唐樓』形式建設起來，買家和發展商差不多全是富裕華商。大部分香港早期的華人精英，都把資金投進到這個新拓展區」〔註137〕，而西人主要聚居在羅便臣道與干得道上，因為自 1881 年山頂纜車通車後，提供通往羅便臣道東端的服務。

至 19 世紀末，港島北部地區始終維持著香港社會政治、經濟、文化的中心地位，其中尤以中環所在的中西區為最。因此，中環所在的中西區也是香港各類型族群人口的集中分布區，亦是港內社區分布最廣的地區。而在其內部，經濟發展水平很不均衡，如銅鑼灣、筲箕灣等地的發展則依然比較緩慢。

至 20 世紀上半期，九龍南岸因毗鄰維多利亞港，在港島人口過於膨脹，亟需緩解城市人口壓力的情況下逐漸獲得發展契機。早期九龍的開發集中在油麻地至旺角一帶，尖沙咀及紅磡沿岸都因沿岸泊船及交通之利帶動發展〔註138〕。

〔註137〕夏思義：《細說從頭：砵甸乍街以西的成長》，第 164 頁。
〔註138〕余繩武、劉存寬主編：《十九世紀的香港》，北京：中華書局，1994 年，第 225 頁。

　　抗日戰爭爆發以後，由國內許多企業家帶來的資金與技術促進了華資工業在港的飛速發展。此時，港島地區經過長期開發，地價與房租已頗為昂貴，九龍較為低廉的地租成本也吸引了大量商戶與工廠、倉庫遷址至此，或在此加辦新廠。據資料記載，至 1940 年時，九龍已有各類工廠共 313 家〔註 139〕。戰後，香港工業恢復發展，至 1947 年，各類工廠在港島的廠商只有 86 家，而九龍則達到了 203 家〔註 140〕。

　　由此可見，至 20 世紀中期，九龍的各項工業已有了長足發展，各類工廠數量已較港島多出近兩倍。尤其是戰後港內紡織工業興盛，九龍的紡織染及針織廠數目遠超其他地區的製造業工廠，這也是此後九龍地區工人較為集中，工業社區分布較多的主要原因。

　　隨著九龍半島逐漸得到開發與發展，其經濟發展速度足以與港島媲美，因此，港內社區亦開始向九龍拓展。

　　20 世紀 70 年代以後，香港經濟起飛成為世界四大金融中心，城市面貌日新月異，變化巨大。中區、灣仔地區商業大廈林立，反映出金融業務在這些地區的集中趨勢。工業樓宇則集中於柴灣、鰂魚湧、西環、黃竹坑一代。早期以中環為中心，環繞核心分布住宅、工廠、綠化帶的格局不復存在，轉而以多核心的不同聚落取代。

　　不僅如此，區域經濟發展水平對城市社區的空間結構有著重要影響。筆者在第三章從經濟方面探討了區域經濟發展水平對香港城市社區結構的影響，即收入高低的地域分布於社區階層的分布趨於一致。請參閱論文第三章香港社區類型與結構一節，在此不作贅述。

（三）人口分布因素

　　人群是構成社區的要素之一，不同時期內人口的分布亦是社區時空分布差異的原因之一。

　　開埠初期，港府重點建設港島北岸的維多利亞城。以維多利亞城為核心的港島地區一直到 19 世紀中後期始終是整個香港人口分布最為密集的區域。1860 年時，港島人口達到了 94917 人，至 1871 年時，整個香港人口總

〔註 139〕根據許晚成編：《戰後上海暨全國各大工廠調查錄》，上海：申報出版，1940年，所列香港各類工廠地址資料統計得出。

〔註 140〕根據《香港年鑑 1948 年》第十編，香港：華僑日報出版社，1948 年 12 月，第 27～37 頁編製。

數則為 124200 人。至 19 世紀 80 年代後期，在維多利亞城方圓不超過半英里的地區，已有 10 萬華人居住，平均每英畝 1600 人〔註 141〕。

20 世紀上半葉，九龍逐漸得到開發，大量人口湧入。1911 年，九龍人口總數為 69400 人，1931 年時，人口總數為，102254 人，而至 1941 年則達到 666000 人，相較於 1911 時人口數量增長了 8 倍多，而同期的港島人口只增長了 1.9 倍，由此可見，香港人口由南向北遷移的趨勢日趨明顯〔註 142〕。

至 20 世紀中期，總體來看，香港人口基本沿維多利亞港兩岸均衡分布。港島中西區、西環、灣仔以及北角等區人口依然較為密集，九龍地區的社區發展迅速，尤其是經濟發達，人口密集的尖沙咀、旺角和油麻地、紅磡等區，社區人口大有趕超港島中西區的趨勢。

20 世紀 50 年代末，港府通過了預計容納 100 萬人的開發新市鎮的計劃，新市鎮包括了觀塘、葵湧、荃灣、青衣等區。為建設新市鎮，港府招攬大批工業企業家於此設廠，如成衣、塑膠、電子、紡織等一批工業企業成為新市鎮內的重要產業，不僅為新市鎮的開發注入活力，而且帶動了香港工業的騰飛。由此吸引了大批工人在此聚居，形成了工業社區。

20 世紀中後期，香港人口的地域分布繼續呈現出由南向北推進的趨勢，在新市鎮開發、工業化發展、公屋計劃的影響下，香港人口進一步向北遷移，九龍人口增長迅速。維多利亞港北岸人口不升反降，1971 年中環及上環人口只有 1961 年的一半〔註 143〕。至 1991 年，港島人口僅占全港總人口的 22%，九龍人口占全港總人口的 35.8%。

20 世紀 80 年代以後，港島的城市發展主要著重於舊區清拆與市區重建，北角、鰂魚涌、薄扶林等地重建發展成為大型住宅區，其中不乏面向中產階級的私人屋村。但隨著政府規劃的落實，香港的城市人口轉移以新開發的新市鎮為主。

〔註 141〕 德輔：《1888 年度香港工作後續報告》，1889 年 10 月 31 日，載於《英國議會文書：1882～1899 年有關香港事務文件》，第 332 頁。
〔註 142〕 數據資料來源：各年度《香港人口普查報告書》。
〔註 143〕 香港政府統計處：《1971 年香港人口及房屋普查主要報告書》，1971 年，第 2 頁。

小 結

　　香港開埠初期至 19 世紀中後期，總體而言，由於港府推行分區而居的種族隔離政策，以及華人與西人在宗教信仰、文化傳統及生活習慣等方面存在著較大差異，香港城市社區是華洋分離的。華人社區主要集中分布在港島的西環、上環、灣仔、筲箕灣及北角一帶；而外國人社區則集中分布在港島的中環、半山及山頂一帶。無論是華人社區，亦或是外國人社區，在其內部呈現出大雜居的特點。但在兩大社會區內次一級的族群所形成的社區則又呈現出集中聚居的特點。

　　20 世紀上半期，隨著九龍半島的開發與建設，香港人口由南向北遷移的趨勢。人口分布趨勢的變化亦帶動了城市社區向九龍轉移，尤其是九龍的尖沙咀、油麻地、旺角、紅磡、深水埗、長沙灣、九龍城、何文田及黃大仙一帶。

　　20 世紀中期以後，港府推動的市鎮化與工業化，以及後來推行的舊區清拆與市區重建繼續帶動人口分布的變化，再次實現了香港人口的重新分配。人口分布的變化自然將改變城市社區的分布格局，帶動各地區的社區發展。